JN411648

찔레꽃
그 향기처럼

찔레꽃 그 향기처럼

장병선 수필집

한국문화사

| 머 | 리 | 말 |

지난 두 해 동안 쓴 글 65편을 이 책에 묶습니다.

여섯 번째 수필집입니다만, 아직도 갈 길이 멉니다. 대상을 더 깊이 볼 수 있는 안목과 사실을 진솔하게 쓸 수 있는 필력을 더 길러야 함을 원고 정리하면서 새삼 느낍니다.

책명, 『찔레꽃 그 향기처럼』은 내 어릴 적 파르스름한 찔레순을 꺾어, 자근자근 씹으며 등하교하던 그 시절을 그리며 쓴 글의 제목입니다.

글은 총 7개 부로 나눴습니다. 1부에서 6부까지는 쓴 순서대로 묶었으며, 마지막 7부에는 2014년에 디지틀조선일보 <힐링 에세이> 칼럼에 연재한 글을 실었습니다.

이 책의 출판을 기꺼이 맡아 주신 한국문화사 김진수 사장님을 비롯한 임직원 여러분에게 고마움을 전합니다. 아울러 책명을 써 주시고 표지화를 그려주신 수암 장순월 선생님께 감사를 드립니다.

2015년 가을

여의도 우거에서

||차례||

1부 벼꽃의 미

2부 서울 가는 흰구름

3부 벚나무를 면회하며

4부 여의도에 동틀 때면

6부 물어물어 길을 걷다

7부 용문산 물소리

1부
벼꽃의 미

샛강의 봄맞이

봄바람이 분다. 여의동東로 벚꽃 길을 걷는다. 줄 선 벚나무가 한껏 꽃을 피웠다. 예년보다 일찍 핀 꽃이 실바람에 한 잎 두 잎 휘날린다. 그 꽃잎을 밟을세라 조심조심 걷는다. 저만치 샛강의 갯버들이 손짓한다. 63빌딩 옆길로 내려선다. '섬 속의 섬', 샛강 생태공원이다.

공원 들머리에 한강 물이 흘러든다. 아침 햇살에 금빛 물결이 찰랑거린다. 이 공원의 젖줄이다. 그 물길 따라 걷는다. 푸드덕 새 떼가 날아오른다. 갈대밭 붉은머리오목눈이들, 저희끼리 눈 맞춘다. 고개를 끄덕이며 짹짹거린다. 무슨 말인지 알 수 없지만, '봄이 참 좋지'라며 춘기春氣를 즐기는 것 같다. 길에서 먹이 쪼던 한 쌍의 까치도 깍깍거린다. 따스한 바람을 기뻐하듯 꽁지를 흔든다. 춘기春機라서 그럴까. 서로 눈 맞춰가며 엎치락덮치락거린다.

바람이 분다. 푸릇푸릇한 갯버들 가지가 넘실댄다. 밥알만 한 잎눈들을 부풀리고 있다. 풀밭에도 여러 생명이 시나브로 제 얼굴을 드러낸다. 밑바닥을 기면서도, 어느 누가 봐주지 않아도 제 모습을 뽐낸다. 제비 올 때 핀다는 보라색 제비꽃, 좁쌀 같은 흰 꽃을 다닥다닥 피운 냉이, 거친 땅을 뚫고 둥근 얼굴을 드러낸 민들레, 피멍 같은 검붉은 속살을 가진 할미꽃, 황금 술잔 같은 모양의 복수초 그리고 갖가지 잡풀이 파릇한 새싹을 돋운다.

봄바람은 힘이 세다. 살랑살랑 불지만, 뭇 생명의 뿌리를 흔든다. 깊은 잠을 자던 식물을 일깨운다. 나뭇가지에 움을 틔우고 단단한 땅을 뚫고 싹을 돋게 한다. 나는 이 봄에 무슨 싹을 틔우고 있을까? 가린 데 없는 평평한 땅에서 많은 생명이 봄이 온다고 잎과 꽃을 피우는데, 그날이 그날 같은 나날이다. 수많은 생명이 부스럭거리는 이 봄날에 계절감을 잃고 사는 자신이 아닌가.

클로버 잎들이 살랑댄다. 진초록 풀밭이다. 샛강이 분지라서 그럴까. 풀들이 잘 자란다. 샛강 남북 양쪽이 고층 아파트에 에워싸여 바람을 막아준다. 한강 물이 끊임없이 흘러들어 뿌리를 적셔주는 자연 습지다. 이런 생태공원이 곁에 있어 가끔 여기를 들른다. 하지만 처음이다. 초목들의 파릇한 생기를 보면서 무기력한 자신을 의식하기는, 뉘우치기는.

10여 대의 자전거가 달려온다. 여의교 지하도를 지난다. 남녀 젊은이가 페달을 밟으며 봄을 길어 올린다. 내 곁을 지나가며 활기를 불어넣는다. 앞서 달리던 자전거 리더가 멈춰 서서 “이 꽃밭 좀 보십시오.”라며 사진을 찍는다.

길 양쪽이 온통 꽃이다. 왼쪽 올림픽 도로변엔 노란 개나리꽃이, 오른쪽은 조팝나무 흰 꽃이 무더기로 피었다. 여의교에서 800m 거리의 샛강 다리까지 꽃 무더기가 이어졌다. 고향이 어딘지 모르지만, 이 공원으로 옮겨 온 식물이 달라진 환경에 잘 적응했다. 여기가 제 터전인 양 여기며 꽃동네를 이뤘다. 오는 봄을 놓치지 않았다.

서로 어깨를 기대어 살며 다 같이 꽃을 피웠다. 늦을세라 우르르 함께 피어 더 아름다운 꽃밭이다. 아파트 한 울타리 안에 여러 세대와 더불어 사는 나는 어떤 꽃밭을 일구고 있을까. 씨앗 하나라도 뿌렸을까? 이 봄날에.

버드나무 습지대에 들어선다. 높이 자란 능수버들 줄기에 물기가 보인다. 물오르는 소리가 들려오는 듯하다. 가지마다 털 벌레 같은 길쭉한 꽃들을 피웠다. 그 꽃들의 무게로 가지가 축 늘어졌다. 커튼을 드리운 것 같다. 연못엔 청둥오리들의 헤엄이 빠르다. 겨우내 움츠렸던 날개로 물장구를 친다. 이리저리 돌아다니며 먹이 찾기에 분주하다.

생동하는 봄, 샛강의 뭇 생명이 바쁘다. 붉은머리오목눈이 · 까치 · 청둥오리들도 봄맞이에 걸음이 빠르다. 갯버들 · 냉이 · 민들레 · 개나리 · 조팝나무 등이 경쟁하듯 잎과 꽃을 피운다. 클르버 · 능수버들도 제 존재를 드러낸다.

따스한 바람이 분다. 버들가지를 흔든다. 그 바람을 가슴 깊숙이 들이마신다. 달다.

박석

길을 걷고 싶을 때가 있다. 삼청동 가로수 길을 걷다가 경복궁 근정전勤政殿에 발길이 간다.

북악산 남쪽 기슭에 있는 근정전, 조선 시대 최초의 궁궐인 경복궁의 정전正殿이다. 왕이 앞에서 조회하던 곳이라서 찾는 게 아니다. 문무백관이 품계品階에 따라 임금 앞에 늘어서 의식儀式하던 모습을 떠올리기 위해서도 아니다. 정전 앞마당에 깔린 넓적한 박석을 만나고 싶어서다.

박석薄石은 제 이름처럼 얇은 돌, 화강석이다. 땅에 깔려 흙을 덮어주고 걷는 사람들의 디딤돌이 된다. 눈에 부담스럽지 않은 회색이다. 구들장 두 배 정도 크기로 12cm 두께다. 돌 단면을 그대로 살려 끼워 맞춘 바닥이다. 다른 나라의 궁궐 마당처럼 매끈한 대리석 바닥이 아닌 게 특징이다.

얼굴이 거칠었기에 정궁正宮 앞에 올 수 있었다. 우툴두툴한, 고르지 못한 얼굴이 근정전 마당에 놓이게 된 까닭이다. 지난날 가죽신을 신었던 문무백관에게 미끄러움을 방지해 주었다. 햇빛을 난반사亂反射시켜 땡볕에 서 있어도 눈이 부시지 않게 하였다.

울퉁불퉁한 표면의 높낮음이 빗물을 고이지 않게 하였으며, 돌과 돌 사이 이음매를 따라 흘러가게 하였다. 또한, 거친 돌을 디디며 늘 긴장하고 조심스러운 몸가짐과 마음을 다잡으라는 뜻이었다고 한다. 그 뜻이 내게도 일러준다. '마음을 다잡으라'고.

비록 시대는 다르지만, 박석도 나도 산골에서 서울로 왔다. 가림막 하나 없는 마당에서 많은 풍파를 견뎌 온 그는 1395년 근정전 창건 이래 지금의 자리를, 밑바닥을 지켰다. 임진왜란 · 일제강점기 · 광복 · 육이오전쟁 · 수복 등의 격랑을 겪으면서 일제의 군홧발에 밟히기도 하고, 전쟁의 포화에 몸이 찢기기도 하고, 휘몰아치는 폭풍우에 살결이 벗겨지기도 하고….

바닥 돌이기에 긴 세월 동안 밟히며 살아온, 갖은 아픔을 견뎌온 박석에 비하면, 나는 얼마나 따뜻한 삶이었나. 그런데 불평한다. 밀리는 승하차장에서 신발이 조금만 밟혀도, 옷깃이 스쳐도 얼굴을 붉힌다. 일상에 긴장하기는커녕 퇴직 후 할 일을 다 한 것처럼 어영부영 산다.

빈들대는 나날이니 바닥 인생이 아닌가. 새로운 변화에 대한 두려움일까. 석 달이면 바뀌는 '디지털 시대'의 물결을 타지 못한다. 앞서 달리는 행렬을 그저 바라보며 아쉬워만 한다. 신세대와의 소통에도 한계를 느낀다. 빨라져 가는 문명의 끈을 놓고 살아서다. 왕의 근엄

한 자세 앞에 수련했기 때문일까. 늘 긴장하며 제 역할의 고삐를 놓치지 않는 박석에게 배울 일이다. 그것만이 아니다.

'침묵할 줄 아는 삶'도 배워야 한다. 더러는 '봐도 못 본 척, 들어도 아니 들은 척'하는 게 '원만한 삶의 방법'이라고 한다. 하긴 말이 말을 만드는 세상이다. 나도 그중 한 사람이다. 말이 많아 실언한다. 그 때문에 책상 앞에 '삼사일언三思一言'을 써 붙이고, '한마디 말을 하기 전에 세 번 생각하기'를 다짐해 오기 몇 년이었던가. 하지만 그게 말처럼 쉽지 않다. 때때로 남이 하는 말에 참견하거나, 중언부언重言復言하기 일쑤다.

듬직한 박석이 부럽다. 오랜 세월 하고많은 근정전의 얘기를 듣고 살았지만, 지금도 수많은 사람이 제 얼굴을 밟아가고 있지만, 입이 없어 말을 하지 않을까. 표정 하나 변하지 않는, 안색 하나 바꾸지 않는 묵언默言의 표상이다. 그런 박석 앞에 스스로 민망해진다.

하찮은 일에도 불평한다. 긴장의 끈을 놓고 바닥에서 산다. 말 많은 세상에 나까지 나선다. 그래선지 내 마음의 작은 마당에도 돌 몇 개 깔았으면 하고, 오늘도 박석을 밟는다.

꽃양배추

겨울이다. 영하 13도의 강추위다. 여의나루 버스 정류장에 내린다. 너나없이 털 달린 두꺼운 외투 깃에 얼굴을 가리며 움츠려서 걷는다. 지하철역으로 가는 대로변에 꽃이 피었다. 시선이 간다.

꽃양배추Cauliflower다. 가마솥 같은 화분에 20여 포기가 오순도순 모였다. 그런 큰 화분 10여 개가 줄을 섰다. 해바라기를 닮았을까. 햇볕을 받고자 하늘을 쳐다본다. 꽃봉오리처럼 보이는 한가운데에 뭉쳐 핀 흰색 또는 빨간색 잎이 엉겨 있다. 쭉쭉 펴지는 바깥 잎과는 달리, 속잎은 결구結球하듯이 안쪽으로 뭉쳐 피었다. 꽃처럼 보이는 엽화葉花, 꽃양배추라고 부른다.

지중해 연안이 고향이다. 크레타Crete 섬에서 자생하던 양배추를 이탈리아 · 스페인 · 영국 등지에서 분화分化, 개량한 품종이다. 우리나라엔 1920년대에 들어왔으나 본격적인 재배는 1970년대 말부터다. 한해살이 또는 두해살이풀로서 항암 효과가 있으며 비타민, 칼슘 등의 영양분이 많은 고품질 잎채소다.

제 이름처럼 양배추와 같은 종種에 속하지만, 모양은 전혀 다르다. 줄기가 굵고, 잎이 장미꽃 같은 로제트Rosette(다이아몬드)형이다. 쌈 · 샐러드 · 수프용 채소이지만 먹기보다 겨울철 관상용으로 키운다.

푸른 잎이 사라진 콘크리트 도로변에 생기를 돌게 한다. 여러 가지 농약과 성장억제제를 뿌려서 재배하기 때문인지, 아니면 100년 가까이 분화와 개량을 거듭하면서 그 시간만큼이나 혹한을 견디는 내성耐性을 키웠을까. 겨울에도 생장력生長力이 강하다. 계절의 경계를 뛰어넘는 각고의 생명력이 돋보인다.

정원 · 도로변 · 아파트 베란다 등지에 자리하여 메마르고 황량한 겨울철에 생동감을 더해주는 식물. 스스로 겨울을 사는 아픔을 견디면서 우리에게 겨울나기 자신감을 일깨운다. 가로수 잎들이 다 떨어진 삭막한 도롯가에서 지나가는 사람들의 움츠린 가슴을 펴게 해주는 생생한 겨울꽃이다.

물결 모양으로 펼쳐진 잎이 모란꽃을 연상시킨다. 잎모란 · 꽃배추 · 꽃양배추 등으로 불리는 그 특성처럼 혹한에 핀 '겨울꽃'으로 여긴다. 그건 아마도 휑한 겨울에 꽃처럼 곱고 따뜻한 모습을 보여주기 때문일 것이다. 한강의 강바람이 몰아치는 이 길가에서 다소곳이 과객過客을 반기는 저 온기를 받으며 나는 나에게 질문을 던진다.

'당신은 이 겨울, 그 누구에게 훈훈한 모습을 보여주고 있습니까?' 라고. 살을 에는 고한苦寒의 아픔을 극복하는 인고忍苦가 내 눈을 붙든다. '혹한의 내성을 길러야지, 삶의 혹한기를, 겨울을 견뎌내야지.' 라고 일러주는 듯하다. 차가운 데서, 역경에서 견뎌가는 내성이 강하다. 강기剛氣가 있다.

가을을 장식하던 국화의 바통을 이어받아 겨우내 고운 모습을 보여준다. 늦가을부터 도롯가나 화단에 놓여 이듬해 초봄, 개나리가 필 때까지 꿋꿋하게 견딘다. 우리의 차가운 마음을 데워주는 꽃이요. 잎이다.

소박하고 질긴 생명력을 가진 잎. 둥글게 겹겹이 겹쳐진 그 잎은 한여름의 고혹적인 장미에 뒤지지 않을 만큼 아름답다. 여러 개를 한 화분에 심어도 좋고, 한 개만 따로 놓고 보아도 고운 꽃양배추 특유의 볼륨감(풍만감)이 있다.

내한耐寒, 내병성耐病性을 가진 밝은 얼굴. 겨울 동안 적막한 노지露地에서 맨살로 동장군을 이겨낸다. 움츠러든 사람들의 등을 펴게 한다. 촘촘히 돋운 잎들이 서로가 상대를 보듬고 차디찬 겨울을 함께 난다. 북풍이 휘몰아쳐도, 눈이 잎에 수북이 쌓여도 싱싱한 제 색깔을 잃지 않는다. 굳건한 의지의 채소다. 꽁꽁 언 극한의 역경에서 생기를 잃지 않는 굳건한 모습은 우리를 일깨워주는 본보기다.

그 강기를, '인생 겨울'을 견디는 강한 기운을 조금이라도 본받을 수 있을까 하는 바람으로, 줄 선 화분 앞에 서성인다.

부채, 그도 노년 나도 노년

부채도 정년인가. 마냥 쉬고 있다. 내 눈치만 살피는 것 같다.

한여름 제철인데 꿈적 않고 잠만 잔다. 연일 30도를 웃도는 불볕더위인데도 제 할 일을 잃었다. 제 몸의 부챗살 한 번 펴보지 못하고 긴 여름이 간다. 스스로 움직이지 못하는 운명으로 태어난 부채다. 내가 쓰지 않아서 제 역할을 하지 못하는 것 같아 마음이 편치 않다. 주인을 잘못 만난 것 같다.

방마다 선풍기 아니면 에어컨이 있어서만이 아니다. 골목 부동산 사무실이나 여의도공원 벤치 같은 데서 지금도 할아버지들이 연신 부채질을 하며 여름을 나고 있다. 그런데 나는 부채를 손에서 놓은 지 오래다. 물론 차 안에도 사무실에도 에어컨이 있기 때문이기도 하지만, 그것보다는 때 지난 늙은 부채라서 그럴까. 이제 그의 몸에 손이 가지 않는다. 거추장스럽게 느껴진다.

내 탓이다. 나도 철이 지나 정장 아닌 간편한 복장으로 나다니니 호주머니에 넣고 다니기 불편하다. 손에 쥐고 거닐기엔 할 일 없는 늙은이로 보이기 십상이다. 그래서 서랍에 넣어둔 지 어언 10여 년이 되어간다. 두어 번 이사하면서 이 부채를 손에 들고 망설였다. 버릴까 말까를.

남들은 내게 정이 없는 사람이라고 하지만, 그렇지만도 않은 것 같다. 누구나 찾던 그의 청춘기가 지난 지 아득한데, 아직도 그 부채를 가까운 내 서랍에 두고 있는 걸 보면 그렇다. 이런 것을 '묵은 정'이라고 할까, 아니면 '미련'이라고 하는지는 잘 모르겠다. 나의 청장년기靑壯年期를 함께 살아온, 내 젊음의 체온이 스민 연緣이 있어, 차마 나 몰라라 하면서 내팽개치지 못하는 마음. 어찌 보면 맺고 끊는 데가 분명하지 못한 내 성격 탓이기도 하다.

그 쥘부채는 내가 직장에 들어간 기념으로 어머니가 사 주신 선물이었다. 여름만 되면 양복 안주머니에 넣고 다니며 때때로 손으로 부쳐서 시원한 바람으로 더위를 식히기도 하였고, 더러는 곁에 있는 사람에게까지 바람을 일게 하여 "고맙습니다."란 인사도 받곤 하였다. 때론 바람이 잘 이는 '어머니의 선물'이라고 능청을 떨기도 하였다.

산수화가 그려진 몸에 기름칠까지 한 데다 속살을 종잇장처럼 얇게 깎은 겉대(대나무 거죽)를 맞붙여서 만든 합죽선合竹扇이다. 고리에 달린 기다란 장식 줄에 노리개인 적赤 · 청靑 · 황黃 · 백白색의 선추扇錘까지 달린 귀한 부채다. 자랑삼아 여러 사람이 모인 장소에서 30개 부챗살을 주르륵 펼치면 내게로 눈길이 모이던 자랑거리였다. 하도 많이 쥐어서 부채 손잡이가 매끄럽던 그 부채.

아직도 기억이 생생하다. 어머니가 무릎을 다쳐 누워 계시던 어느 해 여름날, 문병하러 들렀다가 어머니 곁에서 예의 그 부채를 부쳐드리니 아무 말 없이 지그시 웃으시던, 그리도 좋아하시던 그 모습. 신당동 한옥에서 살 무렵 곤히 잠든 애들 얼굴에 파리들이 날아드는 걸 부채질로 내쫓으면서 내려다보던 애들의 뽀얀 살결, 조용하고 맑은 숨결, 티 하나 없이 곱던 그 얼굴들. 생각하면 그때가 전성기였다. 부채도 나도.

속절없이 흘러간 세월, 어머니도 저세상으로 떠나시고, 애들도 어느덧 성인이 돼 제 갈 길로 떠난 이제, 저 부채는 그때의 제 전성기를 알기라도 하는지? 에어컨이 돌아가는 방안 서랍 한구석에서 '디지털 시대'의 낯선 얼굴들에 제 모습이 부끄러운지 옴짝달싹하지 않는다. 언제쯤 또 한 번 제 몸을 활짝 펼쳐 씽씽 바람을 일으켜 줄지 마냥 기다리고 있는 듯하다.

이 여름이 다 가도록 서랍에 누워 있는 그나, 현직에서 물러나 할 일 없이 쉬고 있는 나나 노년기老年期를 같이 살아가는 것 같다. 그래선지 오랜만에 그 부채를 꺼내 주르륵 펼친다. 살~살~ 바람을 일으키며 소라처럼 속으로 속으로 움츠러든 내 '마음의 구김'도 함께 펼친다.

나이 탓인지, 정 때문인지 내 체온이 스민 그 부채 손잡이를 어루만진다.

지렁이의 절규

숨쉬기 어려운 것만큼 견디기 힘든 것도 드물 것이다. 폭우가 쏟아지면 산사태만 나는 게 아니다. 흙 속에 사는 지렁이도 제집이 물에 잠겨 숨쉬기 어렵다.

예년과 달리 연일 비가 내린다. 벌써 십여 일째 쏟아지는 폭우로 곳곳이 물난리다. 조경수造景樹(천여 그루)에 이상이 없는지 궁금하여 시흥 농장을 찾는다. 벚나무밭에 들어서는데 지렁이가 눈에 띈다. 새끼손가락만 한 미끈한 몸을 끌어당기는 지렁이가 이 고랑 저 고랑에서 꿈틀댄다.

평소에 좀처럼 볼 수 없는 지렁이가 이 밭에 이렇게 많이 살고 있었을까. 추측건대 제초제를 뿌리지 않아 인근 밭에 살던 지렁이가 여기로 다 모여든 것 같다. 마을 사람들이 잡풀을 감당하지 못한다고 제초제 살포를 권했지만, 나무뿌리에 지장이 있을 것 같아, 지난 6년간 한 번도 약을 뿌리지 않았다. 그래서 잡풀 뽑기에 많은 땀을 흘렸지만, 흙의 산성酸性을 개량하는 지렁이가 많이 모여들어 나무엔 이로운 토양이 된 것 같다.

맨몸의 지렁이는 밭에서만이 아니다. 길에도 보인다. 콘크리트 바닥에 힘겹게 기는 지렁이도 있지만, 긴 몸을 축 늘어뜨린 죽은 지렁이도 더러 눈에 띈다. 숨 쉬고자 땅 위로 나온 지렁이가 차에 치였는지 몸이 두 동강이 나 있고, 까치 같은 동물에 속살이 뜯긴 것 같다. 어떤 지렁이는 몸에 상처 나 살결이 허옇게 브어 있다. 측은한 생각이 들어서일까. 메모지에 손이 간다.

지렁이의 수난

숨통이 턱턱 막혀 알몸으로 뛰쳐나와
꿈틀꿈틀 기어가며 하늘을 쳐다본다.
언제나 비가 그칠지 애가 타나 보다

자작 시조다. 오죽 숨쉬기가 답답했으면 정든 집을 떠나 바깥으로 뛰쳐나왔을까? 걷지도 달리지도 못하는 지렁이는 허파가 없어, 늘 피부로 숨 쉬어야 하는 운명이기에 습기 찬 땅속에서 산다.

가늘고 말랑말랑한 긴 몸을 뻗었다 오므렸다 하면서 흙과 돌을 옆으로 밀어내며 땅속을 판다. 둥근 몸마디環節마다 빳빳한 센털이 나 있어, 몸을 흙에 버티며 앞으로 나아가는 데 지팡이 구실을 한다.

벌건 살결을 드러내고 사는 지렁이를 우리는 징그럽다고 여기지만, 태어날 때부터 몸에 갖추지 못한 게 한둘이 아니다. 눈 · 귀 · 손

· 발이 없다. 뼈마저 없는 지렁이는 입 쪽의 감각기관, 구전엽口前葉(환형동물의 머리 부분)으로 먹이를 찾아 입으로 끌어당긴다. 하지만 이도 없어 씹을 수 없다. 몸속의 모래주머니로 흙과 미생물의 먹이를 잘게 부수어 필요한 양분만을 빨아들인다. 긴 관처럼 생긴 장腸에서 특별한 즙이 나와 소화를 돕는다. 몸의 양 끝이 비슷해 머리와 꼬리가 같아 보이지만, 도톰한 구전엽 있는 쪽이 머리다.

그런 몸으로 먹는 것도 시원찮다. 흙 속에서 썩은 식물이나 나무 부스러기를 주로 먹는다. 버려진 볏짚, 채소와 과일 껍질은 물론, 음식 쓰레기와 동물의 배설물을 먹고 사는 '자연 청소부'이다.

동식물이 버리는 찌꺼기만 먹고 살지만, 땅에 이로운 일을 한다. 밭의 '상일꾼'인 지렁이는 보통 1미터에서 3미터 이상의 굴을 파면서 흙을 섞고 잘게 부수어, 부드러운 흙 속으로 식물의 뿌리가 뻗어날 수 있도록 돕는다. 파 놓은 좁은 굴들은 물과 공기가 식물 뿌리까지 닿게 해준다. 그뿐만이 아니다. 굴속을 헤집고 다니면서 농약과 화학비료 등의 사용으로, 산성화된 흙을 아미노산이나 당분 같은 유기질로 분해하여 기름진 토양으로 만든다.

천성적으로 소화 흡수율이 적은 지렁이는 애써 분해한 먹이 대부분을 배설한다. 그처럼 내놓는 배설물이 많아 '트랙터'란 별명을 얻었다. 그 똥이 식물의 영양제다. 마치 밀가루 반죽처럼 뭉쳐진 알갱이 덩어리를 분변토糞便土라고 일컫는다. 흡수성이 우수하고, 공기가 잘 통하는 성질로 '힘 있는 땅'을 만드는 역할을 한다. 분변토엔 미생물이 덕지덕지 붙어 있어 식물의 잔뿌리에 거름이 돼 나무 성장을 돕는다. 비단 나무만이 아니다. 채소 · 보리 · 밀 · 감자 등 우리의 먹을거리를 살찌워 준다.

이에 더하여 지렁이는 쉴 새 없이 오줌을 뿜어낸다. 지렁이의 몸 표면이나 스스로 파 놓은 굴의 벽면은 항상 끈적끈적하게 젖어 있다. 제 몸속의 대사활동으로 나온 점액. 그것의 주성분은 질소질窒素質 암모니아여서 작물에 영양분을 공급한다. 또 그 오줌은 살균력이 높아 식물이 자라는 데 해가 되는 세균을 죽이는 역할까지 한다. 그러니 지렁이는 다양한 생물이 살아가는 좋은 토양을 만드는 '일등 공신'이다.

고마운 지렁이, 평생 한 번도 꼿꼿이 서지 못하는 연약한 몸으로, 불리는 이름만큼이나 장한 일을 한다. 자연 청소부 · 밭의 상일꾼 · 트랙터 · 토양의 일등 공신 등등. 그러고 보니 우리 밭 벚나무가 내 키보다 높이 자란 것도, 수시로 뜯어다 먹는 채소도 지렁이 덕이 아닌가. 그런 지렁이가 숨이라도 제대로 쉴 수 있어야 하지 않겠는가.

인간이 만드는 지구 온난화로 예년과 달리 자주 폭우가 쏟아지고 장마도 길다. 이와 같은 기상이변이 지렁이의 숨통을 막는다. 우리 땅의 상일꾼에 도움을 주지는 못할망정 숨이라도 제대로 쉴 수 있게 해야 할 책임이 우리, 아니 내게 있다. 대기 오염을 줄이고 지구가 더워지지 않도록 신경 써야 할 일이다. 에어컨을 비롯한 전기기구 사용을 줄이고, 승용차 사용도 자제하여, 배기가스도 덜 뿜어내도록 해야겠다. 그것이 지렁이에 대한 최소한의 보은이지 싶다.

또한, 비 오기 전 지렁이의 구호 요청 신호에도 귀 기울일 일이다.

빗방울이 떨어질 때면 지렁이는 제집 입구에 뽀글뽀글 물거품을 뿜어댄다. 아마도 그것은 폭우가 쏟아질 것이니 '우리 집이 물에 잠기지 않도록 도와주십시오.'라는 에스오에스SOS일 것이다.

아직도 장마가 이어진다. 앞을 볼 수도, 제 몸 위로 지나갈 차 소리조차 들을 수 없는 지렁이가 사지死地에서 구원을 청한다. '숨 좀 쉬게, 폭우를 멈추게 해주십시오.'라고. 그 절규가 빗소리, 아니 곡소리로 들린다.

이 가을에 미안한 마음

처서다. 더위가 한풀 꺾이고 아침저녁으로 선선한 바람이 분다. 귀한 열매 익히라고 대기가 맑아지고 하늘도 푸르다. 따스한 햇볕이 자글자글 끓는다. 수확의 가을이 성큼 다가서고 있다.

올여름은 유난히 무더웠다. 수은주가 35도를 오르내리는 불볕더위에 열대야도 겹쳤다. 거기에다 50일이 넘는 역대 최장의 장마가 이어졌는데도 식물은 오곡백과의 튼실한 열매를 맺었다.

들판 가득 내리쬐는 햇볕에 벼가 속살을 익히며 고개를 숙인다. 이 밭 저 밭에서 옥수수가 여물고, 고추도 어느새 빨갛게 물들어 간다. 고구마 · 감자도 땅속에서 굵어가고, 산비탈 사과와 배 밭에도 주렁주렁 달린 열매가 익어가면서 단내를 풍긴다. 머지않아 마을마다 가을걷이로 일손이 바빠질 것이다.

이 가을에 나는 무엇을 추수할 것인가. 이 풍성한 계절에 어떤 열매를 달고 있을까. 곰곰이 생각해 봐도 '이것'이라고 할 만한 결실이 없다. 크고 작은 결실의 연속이 인생이라고 하는데….

지난봄 따스한 남풍에 꽃 한 송이 피우지 못하고, 긴 여름 동안 불볕더위와 이어진 단비에도 그 숱한 열매 하나 맺지 못한 것 같다. 생명을 잇는 열매는 그렇다 치더라도 하다못해 마음에 드는 글 한 편도 쓴 게 없지 않은가.

이렇게 살아도 되는지 의구심이 인다. 열심히 씨 뿌리고 가꾼 이들은 바빠질 이 추수기에 할 일 없는 '빈 쭉정이 가을'이다. 봄여름을 살아오면서 땀 흘리지 아니하고, 모두가 바쁜 활동기에 한가한 시간을 보낸 결과다. 무엇엔가 절실하지 않았으니, 모든 걸 걸고 노력하지 않았으니 얻지 못한 건 당연하다.

또한, 한 가지 일에 전념하지 않았다. 시 · 시조 · 수필 등 이 분야 저 분야를 기웃거리며 한 우물을 파지 않았다. 이것저것 넘보는 노욕老慾이었을까. 무엇 하나 제대로 맺은 게 없으니, 이글거리는 땡볕과 휘몰아친 폭풍우를 이겨내고 탐스러운 열매 단 식물에 배울 일이다. 자연의 순리 따라 오직 '결실'이란 한 목표를 향해 매진한 저 열정을.

생각해 보면 게으른 자신이다. 현직에서 은퇴 후 마치 인생을 졸업한 것처럼 헐거운 시간에 젖어 사는 나날, 목덜미를 죄는 강박감이 없어서일 것이다. 한 가지 일에, 꽃 피워 열매 맺을 일에 모든 시간과 노력을 다 쏟아 부어야 할 '늦가을 인생'을 살면서, 속은 비었는데 겉만 번듯하게 하려는 '내허외식內虛外飾'이 아니었나.

창밖엔 건들바람이 분다. 더위를 몰아내고 대기를 청량한 공기로 바꿔간다. 드높은 하늘에서 쨍쨍한 햇살이 부서져 내린다. 자연이 베풀어 준 이 가을에 익힐 열매 하나 없는 나는 미안한 마음이다.

억새, 서로 의지해 사는

억새 철이다. 열두 번째 축제 기간(2013.10.18~10.27)이란 뉴스를 듣고 하늘공원*을 찾는다.

잘 닦아놓은 산책로에 들어서니 길가에 줄지어 핀 국화와 코스모스가 먼저 반겨준다. 그 흙길 따라 오르니 해 지는 한강이 곱고 바람 따라 넘실대는 억새꽃이 석양에 물든다. 너른 공원에 가득 찬 억새가 마치 소녀들의 머릿결같이 찰랑거린다. 오늘 저녁 8시에 예정된 선율 예술단의 색소폰 음률이 울려 퍼지면 모두가 춤추듯 보일 것 같다.

문득 체조하던 장면이 떠오른다. 어릴 적 너른 운동장에 줄을 서서 옆구리 운동을 하는 것같이 억새가 일렁인다. 다 같이 한쪽으로 비스듬히 기울였다가 바로 서는 억새, 억새……. 촘촘히 들어선, 뭇 억새가 앞뒤 또는 옆에 선 이웃(억새)에 어깨를 의지하면서, 받쳐주면서 서걱거린다. 황동규 시인의 '이 환장하게 환한 가을날'이란 시도 내 마음에 서걱거린다.

이 환장하게 환한 가을날 화왕산 억새들은
환한 중에도 환한 소리로 서걱대고 있으리.
온몸으로 서걱대다 저도 몰래
속까지 다 꺼내놓고
다 같이 귀 가늘게 멀어 서걱대고 있으리.
……

그처럼 서걱대는 억새가 5만 8천여 평의 공원을 메웠다. 바람 따라 질서정연하게 몸을 기울인다. 그럴 때마다 서로 어깨가 닿는다. 가까운 거리에 얼기설기 뿌리 내려, 군집해 사는 그 까닭을 이제 알 것 같다. 몸을 기대며, 서로 의지하는 그들의 슬기로운 삶을.

인간처럼, 나처럼 제 평수坪數를 늘리려고 하지 않는다. 이웃이 내 집에 그늘을 드리운다고 불평하지 않는다. 억새는 바람이 불면 서로가 몸 닿을 수 있는 아주 가까운 거리에 이웃하여 산다. 폭풍우가 몰아쳐도 다 같이 몸을 기대어 넘어질 위기를 견뎌낸다. 그 위기가 지나가면 제자리로 바로 선다. 어려운 고비가 닥치면 그때야 대응책을 마련하든가, 아니면 스스로 비켜서는 나는, 서로 받쳐주며 더불어 살아가는 억새의 지혜를 배울 일이다.

하루에도 수만 번, 아니 그보다 훨씬 더 많은 바람결에 흔들리며 살지만, 제 본래의 자리를 절대로 놓치지 않는다. 이런 억새의 '제자리 지킴'은 아마도 볏과科에 속하는 그들 조상의 디엔에이DNA를 이어받았을 것이다. 꼿꼿이 서서 사는 벼와 갈대처럼.

나무젓가락만 한 가는 체구로 거센 태풍에 쓰러지지 않고 버텨내는 힘은 땅속 뿌리줄기根莖가 그물처럼 뻗어 몸의 균형을 잡아주는 데 있기도 하지만, 천재지변에 대처하고자 서로 가깝게 살며 상호 의지하는 상생相生의 노력에서 비롯되었을 것이다. 억새는 제 키를 1, 2미터 이내로 자제하며 이웃의 키에 맞춰가는 동반성장의 본보기다.

벌 · 나비도 날아들지 않는 9월에 꽃을 피워 청명한 하늘 아래 하얀 깃발을 흔들며 겨우살이를 일깨워준다. 이웃 식물들에 단풍 들 때라는 걸 알려준다. 하지만 자신은 화려한 색깔로 물들지 않는다. 다른 식물처럼 며칠간 단풍들었다가 우르르 떨어지지도 않는다. 아무도 눈여겨보지 않은 누르스름한 옷을 입고, 이듬해 돋아날 새 생명의 지킴이가 되어준다. 깊고도 넉넉한 모성애요, 부성애다.

생존력 또한 강하다. 산지山地에 나무를 벤 곳이나, 산불로 타버린 화적지火跡地 같은 척박한 땅에서, 기존 식물이 파괴된 2차 천이식생遷移植生으로 가장 적합한 게 억새다. 텅 빈 땅에 제 뿌리를 내려 산지 토양의 유실을 방지하는 피복被覆 식물로 환영받는다.

내일을 내다보며 산다. 태풍이 오기 전, 6~8월에 성장을 마치고 청명한 9월에 꽃을 피운다. 푸른 하늘 아래 맑은 공기 마시며 추풍秋風에 흔들리지만, 결코 꺾이지 않는다. 잎 가장자리는 칼날같이 날카롭다. 많은 씨앗을 익혀 눈雪처럼 흩날리며 멀리멀리 가게 한다. 뿌리는 마디마다 막뿌리不定根가 뻗어 개체를 늘려가며 제 종족의 영역을 넓힌다.

살아서만이 아닌 죽어서도 제 몸을 다 받친다. 줄기와 잎은 가축의 사료나 지붕 이는 재료로 쓰인다. 뿌리는 이뇨제利尿劑로 이용한다. 살아서도 죽어서도 유용한 식물이다.

그런 억새의 삶을 되씹으면서 공원 둘레길을 돌고 돈다. 어느덧 보름달이 휘영청 밝다. 그 달빛을 밟으며 중앙 전망대에 오른다. 축제 기간이라서 그럴까. 많은 사람이 달빛 내린 은색 물결에 시선을 멈춘다. 덩달아 나도 넘실대는 억새의 부드러운 몸짓을 내려다본다.

마치 내게 손짓하듯, 서로 기대며 안기며 일렁이는 억새를 보면서, 스스로 묻는다. '나는 그 누구에게 기댈 수 있을까. 아니 그 누구의 의지가 될 수 있을까?'를.

보름달 달빛이 억새 송이송이에 수를 놓는다. 벌 · 나비가 날아들지 않아도, 꽃이 화려하지 않아도 눈부시게 아름답다. 행사 무대에서 예의 색소폰 음악이 은은히 들려온다. 세상에 이만한 '가을밤의 풍치風致'도 드물지 싶다.

* **하늘공원** : 월드컵공원(서울시 마포구 상암동) 중 가장 하늘 가까운 곳에 있는 난지도 제2 매립지다. 초지草地공원으로 난지도 중에서 가장 토양이 척박한 지역이다.

어머니표 미숫가루

낙엽을 밟으며 집에 들어서니 택배 물품이 기다린다. 고향 큰 여동생이 보낸 미숫가루다.

포장을 뜯으니 두류골 향鄕내가 풍긴다. 마당 멍석에서 말리는 참깨 · 들깨 냄새, 집 앞 개천의 물 내음, 뒷산의 솔 향 등이 한데 어울린 고향 냄새. 담장 너머 대나무숲에서 서걱거리는 소리까지 들려오는 듯하다. 미숫가루 플라스틱 통 위에 놓인 쪽지 글을 읽는다.

> "어머니표 미숫가루를 보냅니다. 저가 농사지은 찹쌀과 잡곡을 빻은 것입니다. 아침마다 거르지 말고 따뜻한 꿀물에 타서 드십시오. 우야든지(어쩌든지) 우리 집 기둥인 오빠가 건강하셨으면 합니다."

올해만이 아니다. 해마다 미숫가루를 보내온다. 아침에 선식禪食

한다는 말을 인편에 전해 듣고서부터다. 매제가 세상을 뜬 지 10여 년이 흘렀다. 애들도 도시에 나가 사니 혼자 농사를 짓는다. 손수 집 앞 논밭에서 수확한 찹쌀 · 보리 · 콩 · 옥수수 · 참깨를 털고, 빻고, 찌고, 말리고, 볶는 등 열 단계 넘게 손이 가는 식품이다. 물론 가루 내는 건 그때나 지금이나 방앗간에 가져가 빻는다.

햇볕에 충분히 말려서 살균된 미숫가루는 공장에서 만든 것과 다른 또 하나의 특징이 있다. 물에 탈 때 서로 엉기지 않는 분산성이 뛰어나다. 어머니가 만드시던 방식에 따라 곡식별別로 가장 적당한 온도에서 볶고, 가루 낸 다음에도 여러 번 손으로 뒤집어가며 잘 말렸기에 저장성이 우수하다. 그러기에 '어머니표 미숫가루'라고 말하였을 것이다.

고소한 향미로 위胃에 부담을 주지 않는다. 소화 흡수율이 높고, 계속하여 먹어도 물리지 않는, 내 몸에 체화體化된 즉석식품이다. 고등학교 시절부터 먹었으니.

1953년 초반, 그때는 쌀이 귀했다. 더욱이 찹쌀밥은 할아버지 생일이나 제삿날이라야 얻어먹을 수 있었다. 그런 귀한 찹쌀을 아껴두었다가 방학 후 귀경할 때마다 다른 잡곡과 혼합하여 만든 미숫가루를 건네주면서 배고플 때 먹으라고 하셨다. 서울에서 공부하던 7년여간 그리하셨다.

어머니가 가루 만드는 과정을 동생이 눈여겨봤을 뿐만 아니라 그 일을 거들었을 것이다. 정성 들여 만드는 그 미숫가루 제조 방법을 익혔을 것이다. 아마도 그때의 미숫가루를 의식하면서 어머니가 만드시던 것처럼 정성을 다해 만든 것이기에 그 무엇보다 귀한 식품이 아닌가 싶다.

요즘이냐 오곡도 모자라 다양한 건채乾菜까지 더해 무려 서른여섯 가지를 합성한 공장 선식도 나오고 있지만, '어머니표 미숫가루'는 그와 다르다. 내가 태어난 고향 땅에서 수확한 곡물로 전통의 어머니 방식으로 만든 신토불이身土不二 영양소素다. 대를 이은 정성의 미숫가루에는 영양을 넘어서는 '건강 효험재健康效驗材'라도 있는 것일까? '어머니표'란 그 미숫가루가, 아니 '어머니'란 그 말이 건강의 등불이 된다.

이 미숫가루를 먹으면 건강해질 것이란 믿음이 온다. 내 마음 안에 탯줄 같은 '건강의 끈' 하나가 이어지는 듯하다. 그 때문인지 이 나이에도 큰 탈 없이 들로 산으로 활보한다. 스스로 마련한 1,200평 농장 일도 마다치 않는 힘은 돈으로 살 수 없는 '어머니표 미숫가루' 덕이지 싶다.

오늘도 그 미숫가루를 먹으며 건강할 것이란 믿음을 가진다.

경칩

아침 신문을 펴니 오늘이 경칩이다. 어느새 추위가 풀린 데다 날씨마저 화창하다. 봄 오는 소리를 듣고자, 춘기春氣를 느끼고자 농장으로 나선다.

농장은 시흥시 월미마을에 있다. 왕벚나무 칠백여 그루를 키우는 밭이다. 안양을 거쳐 목감 사거리를 지나니 얼었던 물왕저수지(58만㎡)에 물결이 인다. 물오리 떼가 앞서거니 뒤서거니 하며 파드득거린다. 내리는 햇살에 물결이 반짝인다. 금파金波, 은파銀波다. 보이진 않지만, 물고기 떼가 몰려다니는 그림이 그려진다. 때 이른 낚시꾼도 띄엄띄엄 앉아 있다. 고요하던 저수지가 활기를 띤다.

봄이다. 아른거리는 아지랑이를, 춘기를 치쉬며 농장 밭둑에 선다. 얼었던 물이 풀려 도랑물이 졸졸 흐른다. 개구리 한 쌍이 주위를 두리번거린다. 물가에 미나리가 춤을 춘다. 흐르는 물살에 파란 몸을 살랑살랑 흔든다. 아직도 살얼음이 더러 보이는 풀 속엔 꿈틀대는 벌레 소리가 들려오는 듯하다.

밭두렁에 올라서니 마른 덤불 주위에 파릇한 생명이 브인다. 돌나물과 냉이가 싹을 올렸다. 모진 겨울을 이겨내고 누런 풀 속에서 잠을 깼다. 경칩에 맞춰 제 존재를 드러낸 봄나물이 대견하다.

밭고랑을 걷는다. 흙이 푸석푸석하다. 땅이 녹으면서 흙 속에 실 같은 빙주氷柱가 보인다. 거기에도 물기 젖은 지렁이가 꿈틀댄다. 벚나무 주위에도 쑥이 경쟁하듯 돋았다. 그 쑥 향이 봄을 일깨운다. 코를 실룩대며 그 향기를 들이마신다. 벚나무 줄기에도 물오르는 소리가 들린다. 껍질 군데군데에 물기가 번져 있다. 나뭇가지 마디마다 팥알만 한 잎망울이 볼록하다.

어디선가 참새 떼가 날아와 벚나무 가지에 앉는다. 겨우내 보온保溫해주던 묵은 깃을 턴다. 오는 봄을 반기는 듯 서로 눈짓을 해가며 짹짹거린다. 질세라 종달새가 날아와 대기를 선회하며 지저귄다.

이처럼 대지는 봄맞이에 부산하다. 경칩은 힘이 세다. 봄을, 남녘바람을 몰아온다. 동면하던 뭇 생명에 잠을 깨워준다. 내게도 봄기운을 일게 한다. 어서어서 봄이 와서 꽃피울 수 있기를, 그 진한 향기를 봄나물처럼, 물오르는 벚나무처럼 다른 이에게 나눠줄 수 있기를 소망한다.

벼꽃의 미美

짙푸른 벼잎이 출렁인다.

어릴 적 아버지와 같이 걷던 논두렁에 들어선다. 끝 간 데 없이 너른 들판에 길쭉한 모양으로 곧게 자란 나락, 줄기 곳곳에 우담발라처럼 생긴 꽃이 언뜻언뜻 보인다. 가까이 다가가 그 꽃을 바라보니 곁에 있던 마을 농부가 말한다.

"지금 벼꽃 철입니다. 8월 말부터 1주일간 비나 태풍이 오지 않아야 풍년이 듭니다."

"벼꽃은 며칠간 피어 있습니까?"

"단 하루, 한두 시간 핍니다."

"그래요!"

의아해하니 그 농부가 설명한다. "벼꽃은 자가수분自家受粉합니다. 꽃잎과 꽃받침이 없을 뿐 아니라 향기도 나지 않습니다. 꽃이 크지도 화려하지도 않은 하얀 꽃입니다."

듣고 보니 벼꽃 대부분은 오전 10시부터 오후 2시 사이에 핀다.

그 시간대에 벼 껍질(깍지)이 벌어지고, 6개의 수술이 아래로 처지면서 1개의 암술이 꽃가루받이한다. 수정이 끝나면 벼 껍질은 다시 닫혀서 암술의 씨방에 배젖이 형성된다.

언젠가 들판을 돌며 부르던 루시드 폴(본명: 조윤석)의 벼꽃 노래가 떠오른다.

보이지 않는다고
나를 사랑하는지 묻진 말아요
햇살 쏟아지던 여름
나는 조용히 피어나서
아무 흔적도 없이
사라지는 가을이 오면
이런 작은 사랑 맺어준 이 기적은
조그만 볍씨를 만들꺼에요
(……)

그랬다. 노랫말처럼 조용히 피는 벼꽃을 잘 몰랐다. 농촌에서 태어나 자란 내가, 벼알 먹고 살아온 내가 벼꽃을 잘 알지 못했다. 들판을 드나들면서 더러 보긴 했지만, 워낙 작은 꽃이라 자세히 살펴보지 않았다. 단단한 껍질을 열고 작은 꽃을 피우면서 바로 수정하는 줄은 미처 몰랐다.

다른 꽃들은 짧게는 2~3일, 길게는 100여 일 동안 피어서 만개한 제 모습을 자랑한다. 벌과 나비를 불러들인다. 하지만 벼꽃은 다르다.

백설白雪 같은, 밥알만 한 작은 꽃을 피운다. 때 묻을까 봐, 누가 볼까 봐 얼른 수정受精하고 문 닫는 순결한 마음, 그 수줍음, 어쩌면 '미'는 거기에 있지 않을까?

쌀 한 톨 한 톨이 그런 수정 과정을 거쳐서 영근 열매다. 껍질에 쌓인 열매는 모체의 꽃 색깔까지 닮았다. 하얗다. 그러한 쌀로 밥 지어 먹기만 했다. 꽃이 어떻게 피는지, 얼마간 피어 있는지 알지 못한 채, 이날까지 무관심하였다. 벼에, 벼꽃에 미안하고 부끄럽다.

엄벙덤벙 건성으로 살아온 자신이 아닌가. 이런 일이 어디 벼꽃뿐일까. 겉만 보고 속을 간과한 얕은 삶, 크고 울긋불긋한 진한 꽃만 눈여겨봤다. 작은 것에, 속살에 관심 두지 않은 '건성의 삶'이었다. 나의 살과 피가 되어준 쌀의 생성 과정, 그 벼꽃조차 모르고 산 수박 겉핥기식 삶이었으니. 자꾸만 시선이 간다. 하얀 벼꽃에.

2부

서울 가는 흰 구름

찔레꽃, 그 향기처럼

여의도 샛강공원을 걷는다. 갈대가 우거진 여의못 입구에 닿는다. 이슬 먹은 찔레꽃 향기가 그윽하게 풍긴다. 그 향내가 나를 초등학교 시절로 데려간다.

5학년 때다. 학교 공부를 마치고 귀가하던 날, 소꿉친구 광수가 개천가로 뛰어간다.

"아~ 찔레꽃!" 하며 내게 손짓한다.

그와 나는 찔레순을 꺾어 자근자근 씹었다. 연하고 상큼한 그 맛을, 그 향기를 즐기곤 했다. 그때는 찔레꽃을 볼 때면 으레 어린순을 꺾어 맛을 봤다. 막 돋은 봄기운을, 찔레의 봄 향기를 내 안으로 들이었다.

영천永川의 산기슭이나 개천가에 무리 지어 피던 찔레꽃, 언덕 위를 마다하고 내 손이 닿는 길가에 옹기종기 모여 핀다. 장미처럼 붉지 않고, 요염하지 않고, 금계국처럼 노랗지도 않은 우리 백의민족의 색깔, 흰 꽃이다. 다섯 꽃잎이 똑같은 크기로 눈부시게 맑고 하얗다. 꽃향기는 그 시절 소녀들이 얼굴에 바르던 분粉내, 그 향기다. 벌들이 즐겨 찾는 단내가 난다.

우리의 눈높이에 맞춰 키가 큰다. 2m 이상 자라지 않는다. 어깨를 맞춰가며 서로 손잡고 덩굴진다. 장미과 소속이라서 그럴까. 제 이름 '찔레'처럼 찌르는 가시가 마디에 달린다. 갈고리 같은 가시는 제 몸을 지키려는 호신護身의 무기다. 동양에서만 사는 찔레다. 우리나라를 비롯한 중국, 일본의 동북아 영역을 떠나지 않는 수구목守舊木이다.

높은 데에 뿌리내리지 않는 겸손한 나무다. 산기슭 · 골짜기 · 냇가 등지에 산다. 오뉴월이면 수줍은 듯 슬그머니 꽃잎을 연다. 홀로 꽃피우지 않는다. 더불어 같이 피고 다 함께 지는 이심전심의 꽃이다. 장미가 화려한 귀족의 꽃이라면 찔레는 수수한 서민의 꽃이다. 화장하지 않은, 방금 세수한 민얼굴이다.

순혈純血의 나무다. 꽃이다. 많은 나무와 꽃이 경쟁하듯 이종異種과 접종하는 이즈음이다. 제 색깔을 더 화려하게 하거나, 진한 향기를 풍기기 위해서다. 하지만 찔레는 찔레다운 삶을 산다. 제 혈통을, 정체성을 지킨다.

하얀 꽃, 낮은 키, 상큼한 그 향기를 하늘처럼 여기고 산다. 60여 년 전에 본 모습과 그때 맡았던 꽃향기와 다르지 않은 샛강공원 찔레다. 맑디맑은 얼굴에 변함없는 향긋한 향기다.

그런 찔레꽃 앞에 부끄러운 자신이다. 그동안 변한 게 한둘이 아니니. 조선祖先으로부터 물려받은 태생지의 말투를 잊은 지 오래다. 말이 바뀌면 감정도 바뀐다. 어리숙하고 순수했던 내 마음도 언제부턴가 팍팍한 도시의 인심에 물들었다. 자로 재듯 계산하며 살아간다. 늘품이나 여유라곤 없는 그저 남따라 가기 바쁜 나날이다. 그 옛날 고향 땅의 순백한 찔레꽃 향기마저 잊고 살아온 나날이 아닌가.

그래설까. 오늘따라 여의못 찔레꽃이 더 환하게 보인다. 그 향기가 나를 순수했던 소년으로 일깨운다.

애기愛器를 보내며

문명은 인명人命을 늘여주기도 하지만, 첨단기기尖端機器의 생명을 단축하기도 한다. 요즘 누구나 가지는, 귀하게 여기는 애기도 그러하다.

애기는 나의 휴대전화기다. 애지중지하며 휴대하고 다니기에 그렇게 부르고 싶다. 그 애기가 문명의 사이클에 밀려 내 곁을 떠난다.

오늘(12.2)이 이별하는 날. 모든 이동전화 식별번호가 '010'으로 하나가 되기 때문이다. '011'의 번호 수명이 다 돼 몸체(기종)를 신기종으로 바꿔야 한다. 아쉽고 서운하지만 어쩔 수 없는 문명의 물결이 아닌가 싶다.

3년 전 9월, 방송통신위원회가 진화된 통신 서비스를 제공하고자 '이동전화 번호통합 정책'을 발표했다. 2세대(전화+메시지) 이동전화 서비스용으로 부여한 사업자별 번호(011. 016, 017 등)를 공통 식별번호인 '010'으로 단일화하도록 정했다.

그로부터 3세대(전화+메시지+영상) 휴대전화기, 이른바 스마트폰엔 '010' 번호를 부여하게 됐다. 신기능 영상이 내장된 참신한 디자인 전화기가 속출續出하여 전자가게마다 시선을 끌었다.

하지만 외면했다. 10년 넘게 사용해오던 '011'을 앞세운 나의 전화번호를 바꾸고 싶지 않았다. 내 번호를 아는 사람들에게 '010' 새 번호를 다시 저장하거나 기록하는 번거로움을 주지 않으려는 속내였다. 그동안 몇 번인가 바뀌 온 2세대 단말기를 5년 넘게 그대로 갖고 다녔다. 딸애가 여러 번 3세대 새 모델로 바꾸자는 성화가 있었지만, 고집스레 버텨왔다. '011' 그 번호를, 2세대 그 전화기를.

사용하는 데 익숙한 데다 전화와 메시지를 주고받는 데 아무런 지장이 없었다. 또한, 와이셔츠 포켓에 들어가는 작은 몸도 마음에 들어, 그 전화기를 지금까지 사용해 왔다. 그러나 이제 더는 '011' 번호를 앞세운 2세대 전화기를 사용할 수 없게 됐다. '010'으로 자동 전환되기 때문이다. 어쩔 수 없이 그 전화기를, 정이 든 그 '아기'를 떠나보내야 할 시점에 이르렀다.

되돌아보면 그 2세대 전화기만큼 곁에 두고 있었던 것도, 내 살결이 많이 닿은 기기機器도 그리 많지 않은 것 같다. 내가 가는 데는 언제 어디서나 같이 가던 동반자. 희로애락의 갖가지 소식을 잠도 자지 않고 때때로 전해주던 메신저였다.

소꿉친구 K가 세상을 뜬 슬픈 메시지, 내 삶의 획을 그은 등단의 기쁜 소식, 기다리고 기다리던 손녀의 출생 소식 등 이루 헤아릴 수 없이 많은 메시지와 통화를 보내고 받아주던 그 전화기. 잠잘 때도 침대 머리맡에 올려놓고, 밥 먹을 때도 곁에 두고, 외출할 때도 손에 쥐고 다니던 정든 분신이 아닌가. 어쩌다가 책상 위에 두고 밖에 나온 때는 큰일이라도 난 듯 달려가 손에 꼭 쥐던 그 애기다.

색깔 또한 싫증 나지 않는, 나의 차車 색깔과 같은 검은색이다. 언제 만져도 매끈매끈한 살결, 손안에 쏙 들어오는 작은 몸매, 잊을 수 없는 그 분신을 이제 떠나보내야 한다. 문명의 물결은 편리함도 가져다주지만 병들지 않은, 늙지 않은 멀쩡한 나의 애기를 이별하게 한다.

변화하는 세월 탓일까, 발전하는 문화와 문명 탓일까. 정들고 즐기던 주위의 훈훈한 것들이 자꾸만 사라져 간다. 털목도리 · 털장갑, 쥘부채 · 만년필, 즐겨 먹던 숭늉 · 누룽지, 그리고 분신처럼 늘 곁에 있던 애기까지. 가까이 있어서 푸근하고, 곁에 있어서 닮고 싶었던 것들, 이렇게 정겹고 훈훈한 게 주위에 있어 가슴 따뜻했는데.

하나둘 내 곁을 떠난다. 떠나는 게 아니라 할 수 없이 '문명의 물결'에 밀려가는 것이다. 늘어가는 인명人命처럼 애기의 생명도 좀 더 길었으면 싶다. 너무 가깝게, 따뜻하게 지냈기에 오늘따라 바깥바람이 더 차게 느껴지는 것 같다.

K가 떠나니 잔설이 보인다

소꿉친구 K가 저세상으로 가는 길.

고향 마을 앞, 성산聖山이 가파르다. '어허 어허 어기영차 어허~' 운구하는 상엿소리가 산천을 울린다. 찬바람 몰아치는 조문객 뒤를 따라가니 지난날 망인과의 갖가지 추억이 떠오른다.

벼 익던 마을 논두렁에서 폴짝거리던 메뚜기 잡던 일, 마을 앞 개천에서 미꾸라지와 피라미를 한 사발씩 잡아 어머니를 즐겁게 해드렸던 일, 정월 대보름이면 들로 나가 쥐불놀이하며 밤 이슥토록 뛰어다니던 추억이 한 편의 영화처럼 흐른다.

오릿골* 한마을에서 태어난 동갑내기 친구였다. 이십 리 초등학교에 함께 다녔다. 그의 집이 마을 끝자락 등굣길에 있었다. 학교 갈 때는 그의 집에 들러 같이 갔다. 어느 겨울 아침 그의 집에 들르니 안방에서 제 어머니와 같이 식사하고 있었다.

"아랫목이 따뜻하니 어서 들어와."라며 그의 어머니가 내 손목을 잡고 방안으로 끌어들였다. 그러면서 쌀 단지에서 내어주던 빨간 홍시, 그 맛을 지금도 잊을 수 없다. 어떤 때는 밥 좀 더 먹으라며 내어 주시던 시금장, 콩잎과 들깻잎 절임 반찬 등도 아련한 입맛으로 남았다.

학교 공부를 마치고 집으로 돌아올 때도 그와 같이 걸었다. 궁핍했던 시절이라 그랬는지 철 따라 자연식을 하였다. 봄이면 길가 개천에서 찔레 순을, 여름이면 빨갛게 익은 딸기를 따 먹곤 했다. 어느 늦가을 시제時祭 지내는 산소로 뛰어가 인절미를 얻어먹던 그 시절이 언뜻언뜻 떠오른다.

집에 돌아와서도 마을 골목에서 다시 만나 딱지치기, 동전 치기, 숨바꼭질 등으로 시간 가는 줄 모르고 같이 놀던 그가 이제 영영 다시 볼 수 없다. 지난봄 그의 성화에 못 이겨 고향 동창 모임에 참석하였을 때다. "70여 명 졸업생 중 참석 인원이 10여 명뿐이라"며 먼 길 찾아온 내게 미안해하던 그였다. 해마다 많은 동창이 모임에 참석하도록 애쓰던 K였다.

동창생 중 절반 이상이 세상을 떴다. 나머지 동창들도 도시로, 외국으로 흩어져 생사를 알 수 없다는 그의 하소연이었다. 마을에 동창생이라곤 홀로 남은 그가 헤어진 동창들과의 끈을 잇고자 애썼다. 해마다 거르지 않고 동창 소식과 더불어 연하장을 보내주던 그였다. 이제 동창 모임을 주선하던 그마저 이 세상을 떠나니 산바람이 더 차게 가슴에 스민다. 회자정리會者定離라 했던가. 만나면 헤어지기 마련이지만, 그와의 동심童心의 아득한 추억을 이제 그 누구와 얘기할 수 있을까. 오늘 날씨와도 같이 차갑고 쓸쓸한 마음이다.

어느덧 상여가 장지에 이르렀다. 상주와 가족들의 오열 속에 하관하여 그 관을 파 놓은 광중壙中에 내린다. 첫 삽의 흙이 넣어질 때 가족뿐만 아니라 회장會葬한 모든 이가 훌쩍거린다. 나 또한 안면에 이는 경련과 슬픔으로 입가를 실룩거린다.

K를 보내고 하산하는 길.

후미진 소나무 그늘에 눈이 소복이 쌓였다. 거기에 시선이 멎는다. 어쩌면 나는 저 '잔설殘雪'이란 생각이 든다. 주위에 살던 동창들이 눈처럼 하나둘 땅속으로 떠났다. 남은 눈이 자신이 아닌가. 흙 속은 사자死者, 흙 밖은 생자生者. 흙의 표리表裏 관계다. 어찌 보면 '대지大地'라는 한 몸이다. 결코 멀지 않은 세계다. 언제일지 모르지만, 땅속으로 사라져 갈 잔설 같은 인생. K가 떠나니 잔설이 보인다.

잔설의 하루를 한 해같이 여기며 촌음을 아껴 써야겠다. K가 애쓰던 '동창들과 끈 잇는 일'을 내가 맡아 하면서.

* **오릿골**: 경북 영천과 경주시 경계에 있는 농촌 마을

돌의 자리, 나의 자리

'자리'가 중요하다. 인간도 그러하지만, 제 의지로 움직일 수 없는 돌은 놓이는 자리가 운명을 갈라놓는다.

늦가을 맑은 날, 산길을 걷는다. 휘날리는 단풍을 쳐다보다가 돌부리에 부딪힌다. 오른쪽 엄지발가락이 쓰리고 아프다.

'이 돌이 왜 여기에!'라고 탓하며 내려다본다. 경사진 언덕길 한가운데에 깊숙이 박힌 차돌이다. 산에 오르내리는 사람들에게 밟히기도 하고 비바람에 깎이고 씻겨 몸이 반질반질하지만, 돌부리가 위로 올라있다.

조금 전, 산 진입로에서 고맙게 여기며 건너온 계천의 디딤돌과 비교된다. 놓인 자리에 따라 역할이 극과 극이다. 좋은 일을 하는 디딤돌과 남의 행보에 장애가 되는 걸림돌이 공존한다. 그런 생각을 하니 놓인 돌의 자리가 영상처럼 떠오른다.

주인을 잘 만나면 대궐 같은 집을 둘러쌓는 높은 담의 중간중간에 박혀, 관리인의 보호를 받는다. 이웃집에 호박떡을 건너는 어느 농가의 낮은 담에 자리한 돌은 오가는 정겨운 얘기를 엿듣기도 한다. 살을 에는 겨울날, 노부부의 등을 뜨뜻하게 해주는 온돌방의 구들로 놓이기도 한다. 또한, 어머니가 방에 들 때 신발을 벗고 마루에 오르시던 댓돌로 자리하기도 한다.

건축하는 사람의 눈에 띄면 집채 앞뒤에 놓인다. 돌층계의 섬돌이 된다. 때론 짓는 집의 주춧돌로 앉는다. 집을 지탱하는 중심 역할을 한다.

채석장 석공의 눈에 띄면 커다랗게 잘려 무덤 앞 비석으로 선다. 망인의 넋을 지켜준다. 언제 올지 모르는 남편을 허구한 날 발돋움해 가며, 하염없이 기다리는 망부석이 되기도 한다. 결이 고르지 못한 돌은 널따랗게 잘려져 적군을 막는 성城으로 쌓인다. 전쟁 때 총알받이가 되는 험한 풍상을 겪는다.

지구는 움직인다. 폭풍우를 몰아오기도 하고 지진을 일으키기도 한다. 그럴 때면 산기슭 바위에서 떨어져 나온 돌은 오대양을 돈다. 물결 따라 암석에 부딪히고, 깨지고, 깎인다. 주먹만 한 작은 돌이 된다. 몽돌이란 이름으로 소녀의 책상 위에 놓인다. '변함없는 이 몽돌처럼'이란 '마음 다짐'의 본보기가 된다.

그뿐만이 아니다. 굴러다니던 돌이 마을 앞 저수지에 놓이면, 고기들이 알을 낳고 까는 산실이 된다. 그 외에도 선돌·표지석·시비詩碑·기념비 등 놓인 자리에서 제 역할을 하는 게 돌의 운명이다.

천성적인 견고성과 항구성을 가진 돌. 그 특성으로 우리 생활 주변,

놓이는 곳곳에서 묵묵히 제 할 일을 다 한다. 성실한 존재다. 같은 돌이지만 누구를 만나느냐, 어디에 놓이느냐에 따라 운명이 달라진다. 디딤돌이나 버팀돌로 놓이기도 하고, 길바닥에 놓여 남의 걸음에 장애가 되는 걸림돌이 되기도 한다.

인간도 그렇지 싶다. 어느 집단, 어떤 자리에서 무슨 일을 하느냐에 따라 그의 역할과 존재 가치가 달라진다. 그만큼 중요한 게 직장이요, 앉을 자리이기에 '취업 전선', '자리 전선'이란 말까지 나오는 요즘이다. 자리가 사람을 만들기 때문이다. 다행히 인간은 자기 능력과 노력으로 앉을 자리를 찾을 수 있는 행운아로 태어났다.

내가 찾은 지금의 자리는 돌로 치면 어떤 자리일까. 사람들의 디딤돌이 될 수 있을까. 담에 박힌 것처럼 울타리가 될 수 있는 돌일까. 집을 받쳐주는 튼튼한 주춧돌일 수 있을까. 그도 저도 아니면 나라의 방어막인 성곽의 돌이라도 될 수 있을는지? 그 어느 하나의 역할도 제대로 하지 못하는 자신이지 싶다.

그래설까. 산길을 걷는 내내 돌 놓인 자리에 눈이 간다.

짝꿍차림

요즈음 거리에서 짝꿍차림*을 자주 본다. 정겨운 모습이다. 그런 차림으로 짝꿍과 같이 걸어보지 못해서일까. 부럽다.

여의도 한강공원을 산책하는데 한 쌍의 청춘남녀가 시선을 끈다. 팔짱을 끼고 서로 몸을 의지해 걸어간다. 연인 같다. 둘의 티셔츠가 똑같은 빨간색이다. 일체감을 느끼게 한다. 걷다가 달릴 때 출렁이는 티셔츠가 불이 타듯 정열이 넘쳐나 보인다.

연인들만이 아니다. 어제는 부부 같은 짝꿍차림을 봤다. 관악산 등산길에서였다. 똑같은 푸른색 배낭을 메고, 등산복도 같은 검은색 차림이었다. 거기에다 같은 줄무늬 디자인의 모자를 썼다. 정겨워 보였다.

하산하여 귀가하는 대로에서도 눈길을 끌었다. 짝꿍차림이었다. 친구 같은 두 청년이 형광 색깔의 등산화를 신었다. 걸을 때 번쩍번쩍 빛이 났다. 활기가 넘쳐 보였다. 다정스러웠다.

이처럼 짝꿍차림이 유행이다. 다른 이에게 자신들이 짝이란 걸 보여주거나 돋보이고자, 같은 색깔의 옷을 맞춰 입거나, 신발을 사서 신고 정을 돋운다. 최근엔 엄마와 아들, 아빠와 딸 등 가족 간의 짝꿍차림도 더러 눈에 띈다.

불길처럼 번지는 짝꿍차림. 가족 · 친구 · 동료 · 연인 간 마음을 하나로 묶고 싶은 사람이 늘어나면서 점점 더 확산하고 있다. 이런 경향으로 인터넷 상점이나 이름난 상표 업체에서는, 짝꿍 옷, 신발, 모자 등의 상품을 경쟁적으로 내놓는다. 소비 진작으로 경제 활성화에 도움을 준다.

그러한데 나는 아직 짝꿍차림을 해보지 못했다. 한 번도 같은 디자인의 옷을 입고 둘이서 걸어보지 못한 아쉬움이 있다. 별걸 다 탐한다고 여길지 모르지만, 남이 하는 건 다 해보고 싶은 게 인지상정이다.

큰맘 먹고 아내에게 '짝꿍차림'을 권해 보고 싶어도, 쑥스럽다고 응해주지 않을 게 뻔하다. 친구도 그럴 만한 짝이 없다. 그러니 머지않아 집에 들를 딸에게라도 고운 패션 운동화를 사줄 테니 여의도 거리를 같이 걷자고 말해 봐야겠다.

달라야 돋보인다. 남과 다른 치장을 하는 '개성 시대'다. 혼자보다 둘이다. '1+1'의 '짝꿍차림'이 훨씬 정겹고 돋보인다. 그래선지 끼리끼리 선호하는 새로운 디자인의 바람이 분다.

개성이 강해지는 탓으로 걸핏하면 틀어지는 요즘이다. 돌아서서 만나지 않는 이가 한둘이 아니다. 이런 병을 예방하는 데 효과가 있지 싶다. 둘을 하나로 잇는 데, 정을 돋우는 데 좋을 '짝꿍차림'이다. 적은 돈으로, 노력으로 남의 부러움을 사게 하는 데는 이만한 수단도 드물지 싶다.

내일은 또 어떤 바람이 불어올지 모르지만, '짝꿍차림' 같은 바람은 자주 불었으면 좋겠다. 경제도 살리고, 정도 돋우고, 딸과 같이 걸어볼 기회도 만들고.

* **짝꿍차림**: 옷, 장신구, 신발 등을 남들이 보기에 짝으로 비칠 수 있도록 상대방과 똑같이 맞춰 입거나 갖추는 것으로, '커플룩couple look'에서 순화한 말.

광화문, 그 거리의 추억

수도 서울 1번지, '광화문' 하면 세종로 84번지가 먼저 떠오른다. 나의 첫 직장이 여기다. 국제전신전화국KIT이 자리했던 곳이다. 경복궁 정문인 광화문 앞 좌측 도로변에 있는 현 한국통신KT 자리다. KIT에 근무했던 8년여 세월이 나의 청춘기였다.

1954년 3월에 국립 체신고등학교 교복 차림으로 배치받았던 직장이었다. 출근 첫날, 이곳이 조선 시대 행정 최고 기관 의정부議政府와 집행 기관 육조六曹가 있던 거리란 설명을 들었다. 관아官衙가 모여 있던 곳이라서 그랬는지 출근할 때면 광화문을 바라보며 자세를 가다듬었다. 내가 선 자리가 지난날 나라 살림을 꾸리던 현장이었다는 '역사적 무게감' 때문이었다. 그래선지 군에 들어갈 때까지 이곳을 떠나지 않았다.

KIT는 펑퍼짐한 4층 건물이었다. 그 빌딩 2층에서 텔레타이프로 외국과 교신했다. 미국 샌프란시스코에 있는 통신망RCA을 거쳐 세계와 소통했다. 전신전화, 외신기사, 신용장 등을 외국에 보내고 받았던 우리나라의 통신 관문이었다. 일하면서 영어를 익힐 수 있다는 게 KIT에 지망한 이유였다.

누구나 외국에 통화하거나 전보를 보내려면 KIT에 들여야 했다. 외국인이 가장 많이 드나들던 나의 직장이었다. 서툰 외국어로, 회화책을 펼쳐가며 외국 손님을 맞았다. 외국 특파원에겐 더러 우리 인사말 한두 마디씩 가르쳐주기도 했다. 그런 근무시간이 끝나면 직장 동료들과 몰려다녔다.

젊은 혈기 때문일까. 낮에 일하고 밤이면 뻔질나게 광화문 거리를 쏘다녔다. 드나들던 식당과 술집 이름이 아직도 생생하다. 광화문 현대해상화재 건물 뒤쪽에 있던, 해동옥海東屋은 육개장이 유별나게 시원했다. 주말마다 KIT 뒷마당에서 여직원들과 배구시합을 마치면 으레 여기에서 밥을 먹었다. 그때의 C와 K양은 지금 어디서 무엇을 하고 있을까?

광화문 우체국 정문 건너편에 있던 귀거래歸去來 다방은 커피 맛이 진했다. 머그잔 입 닿는 부분이 도톰하고 매끈하여 연인의 입술처럼 보드라웠다. 자주 드나들던 이유였다. 그 다방 옆에 있던 복취루福聚樓는 중화요리로 장안에 소문이 자자했다. 1954년에 문을 연 '미진 메밀국숫집'도 자주 드나들던 맛집이었다. 지금의 교보문고 뒤쪽 피맛골 입구에 있던 복청福淸은 생선회가 입에 쩍쩍 붙었다.

귀거래 다방이 만남의 장소였다. 퇴근 시간이면 이 다방에 우르르 모여 좁은 피맛골을 찾았다. 그 골목 입구에 들어서면 확 풍기던 부침개 냄새, 지글지글 익는 꽁치 냄새, 먹음직스럽게 쌓였던 족발 냄새가 입맛을 다시게 했다. 으레 안서방집이나 열차식당에서 동료들과 잔 부딪치며 얼큰히 마셨다.

술 아니 먹을 수 없었다. 그만큼 술집 앞에 진열한 술안주가 먹음직스러웠다. 칼칼한 막걸리 한 사발과 막 부쳐낸 뜨끈한 녹두 빈대떡에, 아릿한 굴젓을 얹어 달게 먹곤 했다. 지금은 다시 맛볼 수 없는 그 안주 맛, 그 술맛, 접시에 안주가 빌 때면 콩나물 무침을 슬쩍 가져다 놓아주던 그 아줌마의 넉넉한 마음….

어느덧 60년이 흘렀다. 밥 먹고 술 마시며 떠들썩하게 젊음을 불태우던 나의 무대는 이제 그 흔적마저 찾을 길이 없다. 조선 시대 고관들의 행차를 피해 모여들던 서민의 피난처, 피맛골은 '그 시대의 흔적', 아니 '역사적 유적'이 아니었나? 모두 헐렸다. 주름 펴듯 골목길을 밀어버렸다. 역사의 속살이 빌딩에 묻혔다. 광화문과 세종로의 길 이름은 그대로인데, 하늘도 그때의 그 푸른 하늘인데…, 피맛골은 그 이름마저 잊히고 있다.

피맛골만이 아니다. 4층이었던 KIT 건물이 헐려 15층 KT빌딩으로 바뀌었다. 길 건너 광화문 오른쪽엔 정부서울청사(10층)가 들어섰고, 그 아래 시민회관은 세종문화회관(6층)이 자리하였다. 광화문 왼쪽 가두에 있던 옛 경기도청 자리엔 역사박물관이. 그 아래 주한 미국 경제협조처USOM 건물은 미국 대사관이 들어섰다. KIT 건물 왼쪽에 있던 전매청과 진미옥珍味屋 터에는 23층의 교보빌딩이 광화문의 상징처럼 우뚝 솟았다.

폭 100m, 길이 500m, 서울에서 제일 넓은 광화문 거리, 그 주변이 빌딩 숲이 됐다. 높고 번쩍거리는 빌딩들이 내 젊음의 자국을 모두 지워버렸다. 조선 신분사회의 족적足跡이었던 피맛골마저 그 흔적을 볼 수 없게 됐다. 사라진 것엔 아쉬움이 남는다. 서울 강남 개발로 없어진 백제 유적들도 그러하다.

삼성동 경기고교 자리에 있었던 백제의 토성土城이나 뚝섬 경마장 자리에서 아차산으로 이어진 토루土壘의 대부분이 역사의 뒤안길로 사라졌다. 그뿐만이 아니다. 청계천도 그렇다.

개발시대 상징인 청계 고가도로를 헐고 하천 시설을 정비해 맑은 물이 흐르게 되었지만, 그 옛날 수표교水標橋 밑에서 빨래하던 아낙네들의 모습이나, 단종이 청령포로 귀양 가면서 정순왕후定順王后와 이별했던 영도교永渡橋 주위의 모습은 이제 찾을 길이 없다.

나의 청춘 시절에 즐겨 찾던 선대의 유적이나 생활 터전도 미래의 역사가 될 수 있을 것이다. 짧은 현대사 동안 급속한 성장과 개발의 물결 속에서 미처 챙기지 못한 채 흘러간 게 한둘이 아니다. 도시에 세월의 흔적이 있는 게 진정한 역사의 발자취일 것이다.

이제 광화문 거리에 서면 옛 얼굴로 반겨주는 이는 너희 둘뿐이다. 역사의 소용돌이 속에 개축은 하였지만, 그래도 그때의 모습으로 서 있는 기념비전記念碑殿*과 청와대를 뒤로 두고 경복궁을 지키는 광화문이다.

광화문아, 기념비전아, 너희 둘만이라도 그 자리를 굳건히 지켜줘야겠다. 주위는 낯설어질지라도 내 추억을 일깨워줄 랜드마크Landmark, 아니 수도 서울 1번지의 상징일 테니까.

* **기념비전**記念碑殿 : 조선 26대 임금인 고종이 즉위 40년이 되고, 국호를 대한제국으로 고치면서 황제의 칭호를 쓰게 된 것을 기념하여 세운 칭경기념비稱慶記念碑다. 그 비전碑殿에는 우리나라의 중심점으로 삼고 있는 이정원표里程元標가 있다.

산, 어머니 품 같은

산이 좋아 산에 간다. 주말마다 찾는 산. 답답한 도심을 벗어나 산자락에 닿으면 언제나 어머니 품 같다.

자주 가는 도봉산, 망월사 오르는 길에 들어선다. 물 · 숲 · 새 등이 반겨준다. 졸졸 흐르는 물소리, 나무와 넝쿨이 뒤엉켜 서로 의지하며 살아가는 숲, 그 속에서 찍찍대는 벌레 소리, 짹짹거리는 새소리, 그리고 산사에서 들려오는 풍경 소리를 들으면, 갑갑한 마음이 누그러져 간다. 산에 동화한다. 온 산을 쩡쩡 울리는 꿩 울음소리는 나를 고향의 삼성산三聖山(591m)으로 데려간다.

마을 앞산인 그 산에는 떡갈나무 · 느티나무 · 칡넝쿨 · 산딸기가 많았다. 그 산길을 여기에서 다시 걷는 듯하다. 나무가 품어주는 신선한 공기를 들이마신다. 흙냄새 · 풀 냄새 · 꽃향기, 거기에다 고향 냄새까지 한데 어울려진 산이 주는 맑은 선물. 향긋한 그 향기를 조금이라도 더 들이마시고자 코를 벌름거리는 자신을 의식한다.

누구에게나 똑같이 대해주는 산, 그 산의 품 안에서 일상의 잡념을 잊는다. 마음이 편안하고 정갈해진다. 천 년을 사는 바위 앞에 다가간다. 듬직한 무게감과 흔들리지 않은 그에게 등을 댄다. 한몸이 된다. 이와 같은 바위를 제 몸에 품고 사는 산이다. 속살이다. 흔들리지 않으려면 이 정도의 속살은 가져야 할 것 같다. 늘 갈대처럼 흔들리는 나도 하나의 바위를 품었으면….

묵직한 산, 어머니 같다. 때 되면 일깨워 준다. 여기저기 들어선 나무와 풀에 '어서 일어나라'고, '제 할 일을 할 때'라고. 나에게도 말해 주듯 손수 모범을 보이는 산이다. 한 번도 놓치지 않고 철 따라 잎과 꽃을 피우는 산. 어머니를 만나는 산. 어머니같이 좋아하는 산.

나만이 좋아하는 산이 아니다. 많은 문인이 산을 찬양하는 시가詩歌를 지어 읊었다. 이황李滉은 도산십이곡陶山十二曲, 이이李珥는 고산구곡가高山九曲歌, 윤선도尹善道는 산중신곡山中新曲, 정약용丁若鏞과 김정희金正喜도 북한산 산영루山映樓에 올라 아름다운 시문詩文을 남기는 등 수많은 작품으로 산을 노래하며 정서를 함양하였다. 화가들은 또 얼마나 많은 그림을 그려 스스로 심취心醉했는가. 또한, 스님들도 산에 산다. 심신을 맑게 함에 있어 산만큼 좋은 데가 없어서일 것이다.

마음만을 씻어주는 산이 아니다. 건강까지 챙겨준다. 바위를 타거나 돌길을 걸으면 발 신경을 자극한다. 엉긴 피를 잠 깨운다. 물 흐르듯 피를 잘 돌게 하면서 맑게 정화해준다.

주어진 환경에 적응한다. 더위와 추위에 나처럼 언짢아하지 않는다. 더우면 나뭇잎을 흔들어 바람을 일게 하고, 추우면 나뭇잎을 떨어뜨려 온산에 이불 깐다. 뭇 사람이 밟고 밟아도 불평하지 않는 산. 그러면서 동식물에 살아갈 터전과 먹을거리를 준다. 인간에게 산소와 건강을 준다. 물과 그늘을 준다. 어머니처럼 내 건강을 챙겨주는 고마운 산이다.

많은 것을 주면서 자랑하지 않는 산. 무엇 하나 주는 것 없이 받기만 하는 나는 항상 미안한 마음이다. 그래서일까. 산을 오르내리면서 더러 눈에 띄는 쓰레기를 주워담는 게 고작 산에 대한 나의 답례이다. 무딘 필력으로나마 산을 예찬하는 것도 마음의 빚을 줄이고자 하는 나의 성의이지 싶다.

인생길이 그러하듯 어느 산이나 깔딱 고개가 있다. 땀을 뻘뻘 흘리며 가파른 고개에 올라서면 정상에 닿는다. '아~ 정상!' 하는 탄성이 절로 나온다. 목적지에 오른 승리감이라고 할까. 굽이굽이 휘어진 산길을 걷고, 비탈진 고개를 넘고 넘은 성취감 같은 쾌감이다. 어려움을 견뎌내지 않으면, 난관을 극복하지 않으면 바라는 목적지에 올라설 수 없다는 것을 산이 말해준다. 긴 호흡으로 신선한 바람을 들이마시며 끝없이 펼쳐진 산야를 굽어본다.

시선이 가는 저 남쪽 하늘 끝자락, 고향이 보일 듯 말 듯하다. 저 멀리 영천永川의 산야. 그 너머에 경주의 남산, 석굴암, 동해가 환영幻影처럼 떠오른다. 그래서 해호海浩 스님이 여기에 망월사望月寺를 짓고, 월성月城(경주에 있는 궁성宮城)을 향해 신라 왕실의 융성을 빌었을까?

그 월성으로 이어지는 영천의 무학산 · 삼성산이 눈에 어른거린다.

무학산 아래 펼쳐진 들판을 서성거리던 아버지의 모습, 내게 주려고 부엌에서 고구마 굽던 어머니의 붉은 얼굴이 떠오른다. 돌담 위에 앞다퉈 피던 호박꽃이 선하니 보인다. 그때다. 정상 한쪽에서 건배하던 사람들이 손짓한다.

"할아버님, 이리 오셔서 막걸리 한잔 하시지요."라는 산을 닮은 후한 인심. 이같은 넉넉한 마음에서 우러나는 말은 산에서 흔히 들을 수 있다. 나무처럼 이웃과 어울려서 사는 인정이 따뜻하다. 그런 자연의 품을 닮아가는 등산객들이 정상 여기저기에 자리를 펴고 밥을 먹는 모습이 정겹다. 시원한 막걸리 한 잔 얻어 마시고 가져온 김밥을 나눠 먹는다. 다디달다. 처음 만난 사람도 스스럼없이 정겹게 느껴지는 정상이다. 산의 품이다.

바람이 분다. 싱그러운 나무와 풀들이 흔들린다. 맑은 공기를 뿜어준다. 물소리 · 새소리 들으며 하산하는 길. 도심에서 찌든 마음을 말끔히 씻어준 산. 피를 맑게 하고, 팔다리 근육까지 단단하게 해준 산. 잊고 지난 고향을 다시 상기시켜준 고마운 산. 산은 자주 찾는 내 마음의 집이다. 푸근한 어머니의 품처럼 늘 마음이 놓이는 곳이다.

'산, 거기에 머무는 마음'은 언제나 즐겁다.

들깨, 베풀며 사는

시흥 채소밭에서 낯선 향내가 난다.

10cm 정도 자란 들깨 세 포기가 얼굴을 내민다. 바람에 실려 왔는지 소리소문 없이 찾아온 낯선 얼굴. 씨 뿌린 적 없는데 어디서 왔을까. 내게 일러줄 전언이라도 있는 것일까. 그물처럼 뿌리 뻗은 부추 곁에 용하게도 발을 내린 들깨, 그 강기剛氣가 놀랍다. 내 밭에 스스로 찾아온 손님이란 생각에 뽑지 않고 그 자리에 둔다.

아릿한 향기 솔솔 풍기는 그 잎을 내려다본다. 어린잎에 손금 같은 금이 선명하다. 파인 금이 주름이지 싶다. 잎 가운데 큰 주름 좌우로 여섯 개씩의 잔주름이 나 있다. 그 주름에 수정처럼 맑은 이슬이 영롱하다.

무슨 일로 얼마나 고심하고 살기에 날 때부터 주름이 났을까. 아마도 어릴 적부터 주름이 생길 정도로 깊이 사유思惟하며 사는 들깨의 품성이 아닐까. 조상으로부터 물려받은 디엔에이DNA, 베풀며 사는 고뇌의 방증이 주름이지 싶다.

그럴지 모른다. '깨'라는 같은 성姓을 가진 참깨와 다르다. 참깨처럼 열매만 우리에게 주는 게 아니다. 들깨는 열매도 주지만 얼굴도 준다. 잎은 들깨의 얼굴이다. 온전한 얼굴로 헌신하기 위해 어릴 때부터 저리도 제 잔주름으로 그물을 쳤는가 싶다.

그 이듬해, 채 일 년도 안 되는 사이, 부추 이랑 주위에 십여 포기로 가족을 늘렸다. 지난해 저절로 찾아와 열매 맺은 세 포기의 후손이다. 부추 이랑 여기저기에 대여섯 포기, 물기 없는 밭고랑 둔덕에 아홉 포기가 얼굴을 보인다. 아침 햇살에 빛난다.

부추 이랑과 둔덕, 이런 척박토瘠薄土에 뿌리 내린 들깨가 대견스럽다. '들깨 모苗는 석 달 열흘 가뭄에도 침 세 번만 뱉고 심어도 산다.'는 속담처럼 내건성耐乾性이 강하다. 다른 작물보다 환경 적응력이 뛰어나다. 본받을 일이다. '들'에서 자라는 '깨'라 하여 들깨로 부르는 제 이름에 걸맞게, 그 생명력이 강인하다.

한두 포기씩 흩어져 사는 들깨가 안쓰럽다. 이왕 내 밭에 찾아온 손님이 아닌가. 여름철에 잎이라도 뜯어먹을 요량으로 한 이랑에 띄엄띄엄 옮겨심는다. 들깨 일가를 이룬 셈이다.

이제 한 이랑에 이웃해 사는 들깨는 서로 옆을 보며 같은 키로 자란다. 각 마디에 잎이 마주난다. 가뭄에 물 주지 않았는데도 줄기 마디에서 숟가락만 한 잎을 뻗는다. 로즈메리 향내가 난다. 포기마다 한 마디씩 건너 뛰어가며 한 움큼의 잎을 딴다.

상추와 같이 쌈 싸 먹으니 그 향내가 입안에 퍼지며 알알하다. 밥

맛을 돋운다. 들깻잎은 쌈 이외에도 간장에 절여 먹거나 장아찌, 튀김 등의 재료로 이용한다. 생선회와 함께 먹으면 식중독을 예방할 수 있다. 생선 조림에서도 비린내를 없애준다. 그래선지 서너 차례 잎을 뜯어다 즐기는 동안 여름 가고 산들바람이 분다.

초가을에 접어드니 하얀 꽃을 피우고 열매를 맺는다. 들깨 한 포기엔 보통 스무 개의 꼬투리가 달린다. 그 꼬투리 안에 스무 개 정도의 씨방이 있고, 씨방마다 네댓 개의 잔 씨가 여문다. 한 포기의 들깨엔 천 육백여 개의 씨앗이 익어간다. 꼬투리가 단단해지는 늦가을에 수확한다.

밭 한쪽에다 비닐 자리를 펴고 베어온 들깨 줄기를 막대로 털면 씨가 기다렸다는 듯이 톡톡 튀어나온다. 한 톨 한 톨의 열매를 쓸어 모으니 한 사발이 나온다. 그 씨앗을 빻아다 시래깃국에 넣어 끓인다. 그 옛날 어머니가 자주 끓여주시던 그 국맛이다. 구수한 고향 맛이다.

맛만이 아니다. 영양분 많은 들깻가루다. 그 가루엔 들기름 성분과 같이 질 좋은 불포화 지방산을 많이 함유하고 있다. 이 지방산은 고혈압과 혈관의 노화를 방지한다. 동맥경화와 중풍 등의 성인병 예방과 수명 연장에도 효능이 있다고 알려졌다.

또한, 들기름은 조미, 튀김, 샐러드용으로 이용된다. 공업용으로도 쓰인다. 기름종이, 페인트, 인쇄 잉크, 칠감, 가루비누, 방수용구 등에 활용한다. 기름을 짜고 난 깻묵은 단백질이 많아 가축 사료와 유기질 비료로 이용한다. 이처럼 쓸모 많은 들깨임을 새삼 느낀다. 다른 채소 이랑을 줄여서라도 들깨 심을 면적을 늘려가야겠다.

지난 두 해 동안 들깨 곁에서 깨우친 게 한둘이 아니다. 주어진 어려운 환경을 스스로 극복하며 살아간다. 아니, 다른 식물이 발붙이지 못하는 척박한 땅에도 뿌리를 내린다. 가뭄이 들어도, 거름을 주지 않아도 강한 생명력으로 견뎌낸다. 역경에서 자라면서 제 얼굴도 주고, 귀한 씨앗도 내어준다. 제 환경을 탓하지 않고, 꿋꿋이 살아가면서 베풂을 주는 들깨의 삶을 본받을 일이다.

걸핏하면 남 탓을 하고 환경 탓을 한다. 일제강점기에 태어나 보릿고개 · 산업화 · 민주화 · 정보화의 가파른 언덕을 넘어오느라고 남을 살피거나 베풀지 못한 것을 당연한 것으로 여기는 나에게 일침을 주는 들깨다.

그도 한 생, 나도 한 생. 들깨만큼 베풀진 못할지라도 나의 역량이 닿는 데까지 이웃을 돌보며 살아가야겠다. 그동안의 자책 때문인지, 시흥 채소밭 들깨의 한살이가 눈에 선하다.

식도락도 팔자다

나의 식도락은 둘로 나뉜다. 국외에서와 국내에서다.

성장기 대부분이 가난한 시대여서 고기반찬을 먹기가 쉽지 않았다. 그래선지 고기를 상식常食하는 나라에 파견됐다.

미국 로스앤젤레스였다. 1977년 수출이 연간 30~40%나 증가하던 때여서 무역관KOTRA을 찾는 손님이 많았다. 본국 세일즈맨과 현지 구매자(바이어)가 끊이지 않았다. 상담商談을 하다가 끼니때가 되면 으레 테일러스 스테이크하우스Taylor's Steakhouse로 갔다. 한인타운에 있는 소문난 맛집이었다. 잘 익힌 두툼한 안심스테이크에 버섯소스, 으깬 감자와 완두콩이 곁들인 점심 특별 메뉴였다. 현지인들도 즐겨 먹는 주식晝食이었다. 밥 먹기 전에 으레 포도주로 건배하곤 했다. 자주 찾아 즐기니 나의 식도락이었다.

'온탕냉탕'이란 순환 근무제에 따라 선진국 미국 근무 다음에 개도국 브라질, 상파울루무역관에 부임했다. 거기는 겨울이 없었다. 연중 고온다습하였다. 너른 땅에 초목이 푸르러 가축을 방목하여 길렀다.

그 때문에 미국보다 고기가 싸고 흔했다. 그들의 주식主食이었다.

슈하스코Churrasco란 고기 전문식당이 여기저기에 있었다. 여러 가지 고기를 먹을 수 있는 브라질 전통식당이었다. 소 · 돼지 · 닭 · 양 등의 고깃덩어리를 꼬챙이에 꽂아 굵은 소금을 쳐가며 숯불에 알맞게 구웠다. 종업원이 구운 그 고기를 꼬챙이 채 들고 식당 안을 빙빙 돌았다. 제 식탁 앞에 올 때 먹고 싶은 고기의 부위를 가리키면 그 자리에서 잘라줬다.

우리의 뷔페식처럼 정해진 입장료에 고기 · 채소 · 포도주 · 밥 등을 양껏 즐길 수 있었다. 그러니 브라질을 찾는 외국인은 으레 거쳐 가는 식당 코스였다. 짭조름한 고기를 먹으면 포도주도 입에 당겼다. 어쩔 수 없이 자주 먹게 되는 고기와 포도주였다. 식도락이었다.

'과하면 부족함만 못하다.'라더니 식도락이 병을 낳았다. 스테이크로 3년, 슈하스코로 4년간을 즐겼으니 채식으로 맑았던 혈액에 이상이 생겼다. 오른쪽 엄지발가락이 퉁퉁 부어 쓰리고 아팠다. 혈액 중 바늘 같은 요산尿酸 결정체가 관절에 쌓여 심한 통증이 생겼다. 걸어다닐 수 없었다.

정형외과를 찾았다. 피 검사 결과와 엑스레이 찍은 필름을 검토한 의사는 "통풍痛風입니다. 혈중 요산치尿酸値가 높아 생긴 병으로 음식을 가려 먹어야 합니다."라며 처방전을 읽어준다. "고기는 일절 끊어주십시오. 꽁치와 고등어 같은 등푸른생선을 삼가시고, 술을 금주해야 합니다."

덜컥 놀랐다. '이 일을 어쩌나?' 그토록 좋아하던 술과 고기를 다 끊고 무슨 재미로 사나!'

그래선지 주말마다 다니는 산행을 계속했다. 땀 흘리며 깔딱고개를 올라 정상에 닿으면 너나없이 기분이 상쾌했다. 시원한 막걸리를 마시고 돼지 족발 뜯는 그 즐거움을 놓칠 수 없었다. 하산해서도 그랬다. 묵직한 생맥주 잔을 서로 부딪치며 쭉 들이키던 그 칼칼한 맛, 닭고기 튀김의 짭조름한 그 맛을 외면할 수 없었다.

막걸리 한 잔, 맥주 한두 컵이야 괜찮겠지 하며 건배 권유를 사양하지 못한 결과가 아픔으로 돌아온다. 병원을 찾는다. 젊은 의사는 나를 쳐다보며 "또, 술을 마셨습니까?" 하는 말을 되풀이한다. 나이 먹은 체면이 서지 않는다. 가족에게도 미안한 마음이다. 이제 더는 우매한 전철을 밟지 않으려고 굳은 결심을 한다.

'우선 산행을 접자.' 아침엔 과일과 선식, 저녁은 쌈밥, 점심은 밖에서 비빔밥을 사 먹기로 아내와 약속한다. 그래서 점심시간이면 사무실 근처 이 골목 저 골목을 돈다. 지글거리는 삼겹살 유혹을 뒤로하고, '비빔밥', 간판이나 메뉴판을 기웃거리는 나는 분명 식도락가가 아닐는지.

뒤돌아보면 나의 식도락은 팔자이지 싶다. 하고많은 나라 중 하필 미국 · 브라질에 주재하여 고기를 많이 먹게 된 것도, 그 후유증으로 날마다 '쌈밥'과 '비빔밥' 맛집을 찾아다녀야 하는 것도 어쩔 수 없는 나의 운명이었으니까. 나의 식도락이었으니까.

이런 식도락으로 얻은 게 있다면 '과유불급過猶不及'이란 사실을 몸소 겪고 있는 일이다.

서울 가는 흰 구름

영천永川중학교 3학년 때였다. 토요일 석양 무렵, 여느 주말처럼 학교에서 돌아와 소 몰고 들로 나갔다. 소에게 꼴을 먹이기 위해서였다. 무학산舞鶴山(445m) 정상에 흰 구름이 흐르고 있었다. 백마가 달려가는 형상이었다. 그 구름 너머 세상이 이상향理想鄕 같았다. 한참 동안 쳐다봤다. 내가 꿈꾸며 가고 싶은 이상향은 서울이었다.

'그래, 서울로 가야지.' 큰물에서 놀아야 한다고 하지 않는가. 그런 생각이 떠오른 것은 우연이 아니다. 서울 D 신문사 기자로 근무하던 사촌 형을 부러워했기 때문이다. 나만이 아닌 고향 사람 누구나 형이 서울 가기를 잘한 일로 여겼다.

하지만 서울은 멀고 멀었다. 당장 갈 수 없었다. 6·25전쟁으로 북한군이 주둔하고 있었다. 언젠가 전쟁이 끝날 것으로 생각하면서 우선 대구에 있는 고등학교에 진학하기로 마음먹었다. 졸업 후 취직을 고려하여 상업학교에 응시했다. 대구상고로부터 합격 통보를 받은 후 3일 만이었다. 친구들의 축하 인사를 받으며 영천우체국 앞을 지날 때였다. 한 장의 포스터가 눈에 띄었다.

국립 체신고등학교 신입생 모집 광고였다. 특전이 많았다. 졸업하면 공무원으로 임용되는 데다 학비가 국비였다. 기숙사도 있다고 했다. 또한, 전쟁이 끝나면 서울로 환도한다는 말에 솔깃했다. 서둘러 지원서를 보냈다. 들뜬 마음으로 2주간 절간에 들어가 밤을 지새우며 입시공부를 했다. 전국 각지에서 모여든 응시자가 많았다. 큰 기대는 하지 않았다.

꿈은 현실로 돌아왔다. 합격통지서를 받았다. 아버지는 가까운 대구상고에 진학하길 바라셨다. 수업료가 들지 않는다는 말씀을 드리고 부산 가는 열차를 탔다. 그 열차가 흰 구름 속을 달리는 것 같았다. 학교는 영도影島 전차 종점에 있었다. 구호 식량이 산처럼 쌓인 야적장에 판자로 지은 임시 교사校舍였다.

낮엔 교실이었고 밤엔 기숙사였다. 수업이 끝나면 책상을 한쪽으로 밀치고 그 흙바닥에 자리를 깔고 잠을 잤다. 식사 당번이 밥과 국 통을 가져오면 교실이 떠들썩했다. 전국 각지의 사투리가 합성돼 들렸다. 제주 애월涯月에서 온 Y 학생은 기차의 기적 소리를 처음 듣는다고 했다.

입학한 그해의 여름은 무더웠다. 휴전 반대 열기가 더위를 더했다. 연일 데모에 동원됐다. 머리에 흰 수건을 두르고 부산 광복동 거리를 달리며 '휴전 반대' 구호를 외쳤다. 그러나 대세는 기울었다. 1953년 7월 27일 판문점에서 휴전협정이 체결됐다. 결사반대 데모를 했지만, 휴전 소식이 기뻤다. 흰 구름 저 너머의 서울이 가까워져 오는 것 같았다.

그해 9월 13일, 부산역 출발 환도 열차는 만원이었다. 기적 소리도 우렁찼다. 아홉 시간이나 달려 한강을 건넜다. 꿈에 그리던 흰 구름이 떠가던 그 이상향, 서울에 도착했다. 원효로에 있다는 본교는 영국군이 주둔하고 있었다. 임시로 종로5가 연지동에 있는 서울보험저금관리국 청사에 들어갔다. 7층의 붉은 벽돌건물이었다. 거기에서 기숙하며 공부했다.

전쟁의 상처는 그때까지도 다 복구되지 않았다. 시가지 곳곳에 파괴된 건물의 잔해가 남아 있었다. 어수선한 거리였다. 통신요원도 부족하다고 했다. 그래선지 미처 학교를 졸업하기 전에 근무지에 보냈다. 광화문에 있던 국제전신전화국KIT이 나의 첫 직장이었다. 흰 구름이 닿은 곳인 듯했다.

그로부터 낮엔 직장에서 일하고 밤엔 학교에 나가 공부했다. 대학과정을 마칠 때까지 고학한 셈이었다. 주경야독의 고비를 넘기고 어느 정도 생활이 안정될 무렵 영장을 받았다. 군에 입대했다. 전방에 근무하던 중 운 좋게도 카투사KATUSA로 전속명령을 받았다. 경기도 시흥에 있는 미 8군의 병기중대였다.

영문 타자할 수 있었던 게 다행이었다. 중대본부에서 인사와 보급을 담당했다. 미군들과 같은 사무실에서 근무했다. 그런 덕으로 영어 원어를 익힐 수 있었다. 3년간의 군 복무를 마쳤다.

집에 돌아오니 거리마다 '증산 · 수출 · 건설'의 플래카드가 펄럭였다. 그 물결을 타고 싶었다. 새로 설립한 정부 수출진흥기관KOTRA에 들어갔다. 국내 조직보다 해외조직망이 더 컸다. 주요 수출 대상국에 무역관이 있었다. 6년 동안 관련 업무를 익혀 수출 첨병으로 외국 가는 항공기를 탔다. 창밖에 스치는 흰 구름이 손에 잡힐 듯했다.

일본 · 미국 · 브라질 등지로 옮겨 다니면서 수출시장을 개척했다. 힘들었지만 뛰면 그만큼의 수출 실적이 올라가 보람을 느꼈다. 국외 3년, 국내 1년의 순환 근무를 하면서 30여 년의 세월이 흘렀다. 정년이 됐다.

앞으로 무엇을 할까? 전반기의 삶은 학업과 군 복무, 그리고 먹고 살기 위한 직장생활이었다. 이제부턴 어릴 적에 꿈꿨던 기자 생활, 아니 '글쓰기'로 마음먹었다. 그동안 닫혔던 내 마음의 문을 열고 내면의 소리에 귀 기울이고 싶었다. 그렇게 시작한 '수필의 길'은 만만치 않았다. 가도 가도 멀기만 하였다.

내 수필의 길, 즉 '마음의 서울'은 아직도 흰 구름에 가려 있다. 이따금 관악산을 바라본다. 어릴 적 무학산을 쳐다보고 여기까지 걸어왔듯이, 저 관악산 흰 구름 따라가면 또 하나의 '서울'에 닿을 수 있을 것 같다. 서울은, 내 마음의 이상향은 저 산 너머 흰 구름 너머너머에 있으니까.

3부

벚나무를 면회하며

씀바귀의 맛

봄은 꿀맛만 주는 게 아니다. 쓴맛도 준다. 씀바귀의 맛이 그렇다. 그 씀바귀 나물이 밥상에 올랐다. 여동생 집 점심 밥상.

"어릴 적에 먹던 씀바귀 나물입니다."

"그래! 이 나물 몇십 년 만이야?"

남한산성을 돌며 손수 뜯었다고 한다. 어머니가 맛 내시던 것처럼 소금물에 살짝 데쳐 멸치젓에 무쳤다는 그 나물이 반갑다. 꼭꼭 씹으니 부드럽고 쌉싸래한 맛, 봄기운을 느끼게 한다. 오랫동안 먹지 못했던 쓴 나물이 나를 되돌아보게 한다.

지난날, 어머니는 나른한 봄날에 쓴맛이 입맛을 돋운다고 하셨다. 그저 입맛을 돋우어 많이 먹고 건강하기만을 바라셨던 어머니. 철따라 제철 음식을 만들어 주셨다. 그토록 몸에 좋다는 건 다 뜯어다 무쳐주셨건만 내 몸 관리에 소홀했다. 과음하고 육식하며 달짝지근한 것만 찾아 먹었다. 선대에 없던 통풍痛風과 심장병까지 앓고 있으니 면목이 없다. 저세상에 계신 어머니께.

봄이면 들에 나가 씀바귀를 뜯어 다 씻은 다음 숨을 죽여, 쓴맛이 덜 나게 하여 무쳐주곤 하셨다. 그 씀바귀 줄기와 잎이 살아 있는 것처럼 신선했다. 그랬건만 쓴맛이 싫어 투덜대며 깨작거리던 씀바귀가 반가운 건 어쩐 일인가. 어머니 얼굴이 떠올라서일까.

아니, 미각味覺이 둔해져 그 옛날의 쓴맛이 그리운 걸까. 젊은 시절, 객지로 돌아다니며 이 맛 저 맛에 물들었다. 대구大邱의 돼지국밥 맛, 서울의 설렁탕 맛, 미국의 스테이크 맛, 브라질의 페이조아다* 맛, 그리고 지구 최서단 세네갈의 야사뽈레* 맛에 뒤범벅되었으니. 내 미각 신경인들 그 쓴맛이 그립지 않겠는가. 그래선지 쓴맛에 끌린다. 그 맛의 깊이를 이제 느끼는 것 같다.

단맛은 감각적이다. 깊은 맛이 없다. 얕은맛이다. 그에 비해 쓴맛은 깊다. 사색적이다. 많이 먹으면 물리는 단맛에 비해 쓴맛은 은근히 다른 입맛을 끌어당기는 미력味力이 있다. 여감餘感이 있다. 쓴맛을 모르면 단맛을 모르듯이 고난과 좌절을 모르면 '인생 맛'도 모른다.

씀바귀는 제 조선祖先으로부터 유전자를 물려받았을까. 그 쓴맛이 변하지 않는다. 시공간을 초월하여 제맛을 이어간다. 그 지구력으로 암세포를 억제하고 정상 세포를 보호한다. 더위 먹지 않게 하고 위장을 튼튼하게 해준다. 미각을 활성화하고 혈당을 낮춰준다.

그 씀바귀처럼 할아버지는 당신의 유전자를 내려주고 싶었을까. 한학을 가르치던 할아버지는 근엄하셨다. 초등학교 시절, 마을 친구들과 놀다가 저물녘에 돌아온 내게 바지를 걷어 올리게 하셨다. "책 읽지 않고 어디를 그렇게 쏘다니느냐?"며 회초리를 내리쳤다. 멍든 그 아픔과 쓴맛이 겹친다. 공부하여 살맛을 느끼라고 하셨다. 그 쓴 말이 서툰 글이나마 쓸 수 있도록 이끌어 준 게 아닌가 싶다.

쓴맛은 깊은 맛이다. 내면을 건드린다. 보릿고개 시절, 산나물 죽을 자주 끓이시던 어머니 삶의 쓴맛, 어려운 살림을 꾸리셨던 어머니께 무엇 하나 해드리지 못한 여한의 쓴맛, 타향을 타국을 전전하며 고향 그리던 고독의 쓴맛, 그리고 할아버지가 회초리 들고 하시던 쓰디쓴 쓴소리,

'양약은 입에 쓰다.'고 한다. 쓴 양약처럼, 몸에 이로운 씀바귀의 맛이다. 그 쓴맛은 내 '인생의 맛'이다.

* **페이조아다** feijoada : 콩과 돼지 부산물을 같이 끓여서 만든 브라질의 전통 영양 죽

* **야사뿔레** Yassa Poulet : 닭고기와 각종 채소에 야사 소스를 넣어 만든 세네갈의 대표 음식

흰 고무신

흰 고무신이 눈을 끈다.

시흥시 거모동에 있는 재래식 시장 입구, 신발 판매장에서다. '어머니가 이런 고무신을 신었는데!'라며 내려다본다.

초등학교 시절, 학교에서 돌아오니 안방 앞 댓돌에 흰 고무신이 놓여 있었다. 배가 출출하기 때문이었을까. 어머니가 방에 계신 게 반가웠다.

"어머님, 저 다녀왔습니다."

"밥 묵(먹)었나?"

"아닙니다. 배고파요."

"시방 몇 신데 이렇고 다녀!"라며 득달같이 고무신을 끌면서 부엌으로 가셨다. 나는 감나무 그늘 밑 평상에 앉았다. 어머니가 소반을 들고나오셨다. "어서 묵어"라며 밥뚜껑을 열어주셨다. 멸치 넣고 끓인 된장이 구수했다. 상큼한 봄나물과 돌나물김치로 밥 한 그릇을 다 비우고 군고구마까지 먹었다. 그로부터 외출했다가 집에 돌아오면 으레 어머니의 흰 고무신에 시선이 갔다.

그해 가을, 할아버지 기제사 드는 날이었다. 마침 일요일이라 어머니 따라 마을 앞 빨래터에 갔다. "제사 지내려면 몸부터 깨끗이 씻어야 한다"면서 내 손발과 목덜미를 물수건으로 닦아주셨다. 그러더니 어머니는 고무신을 벗었다. 발을 씻더니 비누칠 해가며 고무신을 박박 문질렀다. 신코에 빛이 났다. 씻은 신을 돌 위에 엎어놓고 물기를 말린 다음 신으셨다. 그날 저녁 온 가족이 건넛마을 큰집에 가서 제사를 지냈다.

5학년 때이지 싶다. 학교에서 돌아오니 어머니 신발이 보이지 않았다. 밭에 가셨다는 여동생의 말을 듣고 그 애와 같이 '울리미' 비탈밭으로 찾아갔다. 밭머리에 흰 고무신이 보였다. 내리쬐는 햇볕을 받고 있어 뽕나무 그늘 밑으로 옮겨놓았다.

콩밭 매는 어머니께 인사드린 후 밭 자락을 쫓아다녔다. 까슬까슬한 풀밭에서 방아깨비와 잠자리를 잡으며 철없이 놀았다. 그때 어머니와 같이 밭고랑을 매던가, 아니면 고랑마다 뽑아놓은 풀들을 치워드리지 못했던 일이 지금도 후회스러운 아쉬움으로 남았다.

저물녘이 됐다. 어머니는 주먹으로 허리를 두드리며 밭 자락에 나오셨다. 흙 묻은 발을 풀로 닦고 고무신을 신으셨다. 한여름 불볕에 맨발로 김매는 어머니께 미안해서일까? 저녁을 먹으며 아버지께 말씀드렸다. "어머니가 밭일하실 때 신을 검정 고무신 한 켤레를 사주십시오."라고. 그 말을 들으신 어머니는 "그런 데 쓸 돈이 어디 있느냐"며 괜찮다고 하셨다.

고집스럽게도 어머니는 왜 흰 고무신만을 신었을까? 얼핏 짐작건대 수시로 집에 들르시는 큰아버지와 마을 어르신들을 의식했을 것이다. 늘 흰옷에 흰 고무신 차림이었다. 남과 달리 한 번도 바지 입고 검정 고무신 신은 모습을 보지 못했다.

세월이 흘러 영천永川중학교에 다닐 때였다. 학교가 집에서 사십 리나 떨어져 있어 읍내에 하숙했다. 주말에 집에 돌아오니 어머니가 계시지 않으셨다. 동생이 안강安康장에 가셨다고 일러 줬다. 엄동설한이었다. 저녁 7시가 지났는데도 어머니가 돌아오시지 않아 마중을 나섰다. 여동생이 따라나서며 말했다. "참깨와 콩이 든 포대를 머리에 이고 땅속에 묻어뒀던 밤 자루를 손에 들고, 아침 일찍 장에 가셨다"고 했다. 한겨울의 시티재 밤바람이 차가웠다. 그 재는 영천과 경주시 경계에 있는 삼성산三聖山(591m)을 감도는 꾸불꾸불한 산길이었다.

어둑한 밤길을 한참 걸었다. 저만치 어머니가 가파른 돌길을 올라오고 계셨다. 여느 때처럼 흰옷에 흰 고무신 차림이었다. 산길에 고무신이 얼마나 미끄러웠을까? 생선 사러 장에 갔다고 하셨다. 물 좋은 꽁치와 내 양말을 샀다고 하시며 보여줬다. 아마도 주말이면 찾아오는 내게 생선을 먹이려고, 내게 용돈을 더 주려고 그 먼 자갈길을 걸었을 어머니.

그 어머니 곁을 떠나 고등학교에 진학했다. 부산 영도影島에 피난와 있던 국립 체신고등학교였다. 운 좋게도 1953년 7월 27일 판문점에서 휴전협정이 체결됐다. 그해 가을 학교 따라 서울로 올라가게 되었으니 어머니 곁에서 멀어만 갔다.

그 이듬해 봄, 학교를 졸업하고 광화문에 있던 국제전신전화국KIT에 근무하게 되었다. 오랜만에 휴가를 얻어 고향을 다니러 가던 길, 부산행 완행열차는 더디 움직였다. 여섯 시간 걸려 대구역에 닿았다.

포항행 버스에 갈아타, 시티재 정류장에 내렸다. 어머니가 기다리고 계셨다. 모시 치마에 흰 고무신 차림이었다. 햇살에 비친 그 신발 옆구리에 흰 헝겊을 안으로 잇대어 꿰맨 실밥이 보였다. '아차!' 싶었다. 흰 고무신과 검정 고무신 한 켤레씩 사온다는 걸 깜박 잊었다. '잊을 게 따로 있지! 월급도 받고 있는데….'

한 번 놓친 기회는 다시 오지 않았다. 그 후 직장을 코트라KOTRA로 옮겨 30여 년 외국 근무를 했다. 귀국 후에도 어머니를 곁에서 모시지 못했다. 대전세계박람회 조직위원회로 파견 근무를 하는 동안 어머니는 서울 동생 집에서 돌아가셨다. 지난날 늘 받기만 하고 마음에 드실 그 무엇 하나 해드리지 못했다.

국수 · 국밥 등 시장통 음식을 좋아하시면서도 스스로 사 먹지 않으셨던 것들을 사드려야 했다. 케이크 · 화장품 같은 겉보기 좋은 선물로 때우지 말아야 했다. 이제 후회하는 불효의 장남. 댓돌 위에 놓였던 그 고무신, '밥 묵었나?' 하시던 그 말씀이 치유할 수 없는 가슴앓이로 남았다.

먼지 펄펄 나는 시장 입구에 놓인, 저 흰 고무신이 지금의 내 마음같이 쓸쓸해 보인다.

맨재기

최신 정보를 알려고 끝없이 넓다는 인터넷 세상을 찾는다. 날마다 컴퓨터 앞에 앉아 총합(토털) 사이트인 다음daum, 네이버naver, 구글google 등에 들어가 첫 화면에 뜬 정보들을 읽기가 바쁘다. 하지만 감성이, 기억력이 둔해진 탓인지 신세대와의 이해의 폭이 좁아진다. 소통의 틈새가 생긴다.

첨단 정보, 아니 정보 통신하면 그리 뒤떨어지지 않는 삶을 살았다. 앞선 걸음을 걸었다. 나의 첫 직장이 국제전신전화국KIT이었다. 지금부터 61년 전, 1953년 2월에 KIT에 들어갔다. 그때의 첨단기기로 알려진 인쇄통신기, 텔레타이프가 설치돼 있었다. 외국의 주요국과 이 기기로 교신했다. 그 기기의 자판은 요즘의 스마트폰 자판과 같았다.

남보다 일찍 출근하여 그 자판을 열심히 익혔다. 전문만 보고 드르륵 칠 정도로 익숙해질 무렵 미국과 교신하는 텔레타이프 앞에 앉게 됐다. 샌프란시스코 담당이라 불렀다. 전보는 물론 시시각각의 특파원 외신기사를 보내고 받았다. 통신 기밀 보안상 혼자 알고 있긴 했지만, 최신 정보를 수시로 접했다. 그런 정보 송수신이 가장 많았던 회선이었다. 보내는 전문에 오자나 탈자가 없어야 하기에 친 글자를 봐가면서 속도를 높여갔다.

그러 길 6년여, 기회가 왔다. 1959년 제3회 전국통신기관대항 통신경기대회, 구문歐文 텔레타이프 부문 체신부 대표로 선발됐다. 5분간 얼마나 많은 구문을 정확하게 칠 수 있는가의 경쟁이었다. 1등 상을 받았다. 그 이후에도 전국통신경기대회에서 두어 차례 수상하였다.

그러다 보니 영문이나 국문 타자는 잘 치는 편이었다. 팩스가 없던 그 시절 그림이나 설계도를 송수신하는 묘사전신描寫電信도 취급하였으니 주위 사람들이 시대를 앞서간다고 했다.

그러나 그 길로 계속 달리지 못했다. 1961년 5·16 혁명 후 영장을 받았다. 군에 입대하여 3년간 복무했다. 제대하여 돌아오니 직장 후배 밑에서 근무하게 됐다. 부득이 KIT를 떠났다. 새로 생긴 수출진흥기관 코트라KOTRA에 들어갔다. 국내외 순환 근무하면서 30여 년간 세계의 경제 정보에 늘 귀 기울였다. 시장개척을 하려면 그 시장의 정보는 필수였다. 주재지 일일정보를 조사, 수집하는 게 일과였다.

수출과 관광 진흥이 국제통신의 촉진제가 됐다. 1965년 12월 텔렉스가 개통됐다. 전신국에 가지 않아도 고객과 직접 교신할 수 있는 설비였다. 1970년대 후반부터 컴퓨터의 국산화에 이어 인터넷 구축으로 고속통신망의 실현을 보게 됐다. 입때까지만 해도 나는 첨단정보기기를 다루는 데 익숙했다. 경제 관련 최신 정보를 놓치지 않았다.

정보화 사회의 발전은 가속됐다. 통신기기 업계가 경쟁하듯 기기의 크기와 무게를 줄이고 속도를 높여갔다. 손안에 들어오는 컴퓨터와 손전화로 발전하면서 3개월이 멀다고 새로운 기기가 쏟아져 나온다.

직장에서 퇴직 후 신경은 둔해져 가는데 기기의 센서는 날로 예민해져 간다. 손가락만 갖다 대도 작동한다. 아니 말만 해도 알아듣는 기기로 진전하면서 나는 그 첨단기기들과 거리가 멀어져 간다. 점차 이방인이 되어가는 듯하다.

사진을 인화하여 주고받던 시절이 옛날인 것 같다. 이제 찍은 사진을 자기 블로그에 편집하여 올린다. 블로그에 들러 사진을 보고, 필요하면 복사해 가라고 한다. 문화센터 블로그반에 등록하여 사진 편집 기술을 배우고 있으나 젊은이들의 진도에 따라갈 수 없다.

10여 년 전까지만 해도 첨단기기 조작과 최신 정보 수집 활용에 앞서가던 내가 이젠 초등학생들의 뒤를 따라가기가 어렵다. 작아져 가는 기기 조작만이 아니다. 아는 정보의 시차로 의사소통이 잘되지 않는다. 디지털 세대와 감정의 공유가 어려워져 간다. 달려도 따라갈 수 없다. 그들의 걸음이, 시대 감각이 빠르다.

감각만이 아니다. 신세대와의 생활방식도 다르다. 그들은 손전화를 손에 쥐고 산다. 아침에도 손전화 알림으로 잠을 깬다. 기상과 동시에 이메일이나 날씨를 확인한다. 사교적인 연결망SNS, 싸이월드 · 미니홈피 · 블로그 · 카페 등에 들어가 업데이트된 소식을 살핀다. 추가 정보가 필요하면 티브이나 신문의 모바일 사이트를 찾는다. 최신 정보를 알아야 대화가 된다.

그들은 실시간으로 뜨는 신상품도 놓치지 않는다. 스웨터, 가방, 손전화 덮개 같은 패션 상품을 인터넷으로 구매한다. 쇼핑하든, 커피를 사 먹든 마일리지는 꼬박꼬박 챙긴다. 국내뿐만 아니라 세계의 콘텐츠와 실시간 동기화同期化하는 생활방식이다. 생활이 다르니 생각도 다르다.

신세대의 언어구사도 빨라져 간다. 알아듣기 어렵다. 보내고 받는 메시지도 신조어新造語(엄크 · 먹방 · 트통령 · 하메족* 등)를 만들어 쓴다. 사전에 없는 짧은 말들이니 이해하기 어렵다. 모르면 뒤처진다. 날이 갈수록 융통성 없는, 소통 안 되는 맨재기가 되어 간다.

이럴 때면 먼 산을 바라보며 하릴없이 옛시조를 읊는다.

> 청산리 벽계수야 수이 감을 자랑 마라
> 일도 창해 하면 다시 오기 어려우니
> 명월이 만공산하니 쉬어간들 어떠리.

* **엄크**: 엄마가 갑자기 나타나 치명적인 상황에 놓임
* **먹방**: 음식을 맛있게 먹는 모습을 보여주는 방송
* **트통령**: 트위터 대통령
* **하메족**: 전셋값이나 월세를 아끼고자 가족 아닌 다른 이와 같이 사는 사람들

울타리

또 울타리를 친다. 길에 잇닿는 채소밭 경계에 2m 가까이 자란 사철나무를 촘촘히 심는다. 심으면서 스스로 의아해한다. 감출 것도 도적맞을 것도 없는 천여 그루의 조경수 키우는 밭인데…….

어제 본 울타리 생각이 난다. 북한산을 오르면서다. 담쟁이덩굴이 너울거리던 높은 울타리, 아니 돌담이었다. 대궐처럼 넓은 집 주위를 두른 높은 담이었다. 남이 볼세라 감출 게 많았을까? 그런 집 앞을 지날 때면 으레 왕왕 짖는 개소리에 무섭기까지 하였다.

마치 '집 주위에 얼쩡거리지 말라'는 경고 같았다. 하긴, 울타리나 담은 경계다. 안과 밖을, 내 것과 남의 것을 구분 짓는 가리개다. 그 가리개가 높으면 높을수록, 단단하면 단단할수록 거리감을 느낀다.

발붙이고 사는 나라의 땅덩이가 넓으면 마음도 넉넉해지는 걸까. 미국에서 살던 집이 떠오른다. 로스앤젤레스LA 무역관 근무 때다. LA 근교 몬테리팍Monterey Park에서 단독주택에 세 들어 살았다. 그 집엔 담이나 울타리가 없었다. 주위가 확 트인 잔디밭이었다. 그 잔디밭에 나 있는 길이 집과 집의 경계였다.

더러 울타리가 있는 집들도 동백나무나 사철나무 같은 늘푸른나무를 심었다. 때때로 가지를 잘라 사람 허리 높이의 낮은 산울타리였다. 삶에 대한 자신감이 아닐까 싶었다. 마음을 연, 이웃을 손짓하는 넉넉하고 떳떳한 삶이었다.

그처럼 집안이 훤히 들여다보이는 낮은 울타리는 보이는 시야만큼이나 열린 마음일 것이다. 그런데 나는 높은 울타리를 치곤 한다. 집에도, 밭에도, 그리고 내 마음속에도 울타리를 친다. 사람과 사람 사이에 보이지 않는 선을 긋는다. 향우회 · 동창회 · 동우회 같은 단체나 클럽의 울타리 안으로 들어간다.

속한 단체마다 울타리의 높이와 두께, 그리고 온도가 다르다. 그 안에서 소속감과 안도감을 느낀다. 그런 단체의 울타리가 내적으론 회원 상호 간 친목을 다지지만, 외적으론 그 단체의 바깥사람들에겐 가리개나 벽이 될 것이다.

혹여 지금 치고 있는 산울타리도 그럴지 모른다. 컨테이너 농막農幕에서 책 읽는 나를 바깥세상과 거리를 두게 하지는 않을까. 농로農路에 오가는 사람들을 보이지 않게 가로막지는 않을까. 아늑한 분위기가 될지는 모르지만 지나가는 마을 사람들과 눈길을 맞추며 차 한 잔 나눌 기회가 없어지지는 않을까. 또한, 농막에 들를 손님들이 발걸음을 주춤거리게 하지는 않을까? 아마도 그럴 것이다.

울타리가 더러는 집 안의 폐기물이나 두엄 더미 같은 걸 가리기도 하지만, 나를 은폐한다. 내 영역이라는 경계를 쳐서 밖이 잘 보이지 않는 울타리 안에서 안주하는 게 아닐까. 테두리를 쳐놓고 그 안에서 스스로 잘하고 있음을 자위하는 것일 거다. 울타리는 낮을수록, 없을수록 열린 마음일 것이다. 성공하는 사람은 울타리를 치지 않는다고 한다. 동물원 기린은 오늘도 바깥세상을 그리며 가린 철창을 핥고 또 핥는다.

그런데 나는 울타리를 친다. 겹겹이 가리고 산다. 자신을 밖으로 드러내, 울타리 바깥사람들과 어울려야 한다. 다가가 소통해야 이웃이 된다. 이런저런 울타리의 부정적인 면을 생각하면서도 사철나무를 심는다. 채소밭 주위에 350그루를 다 심고 농막에 돌아온다.

따끈한 커피를 마신다. 창가에 다가선다. 둘러싼 사철나무에 햇살이 내린다. 친 울타리가 바깥을 가려준다. 제법 아늑한 분위기다. 포근한 느낌이다. 하지만 마음 한쪽이 씁쓸하다. 삶에 대한 자신감이 없는, 넉넉하고 떳떳하지 못한 갇힌 삶이다. '난 역시 울타리를 치고 사는 옹졸한 사람인가 봐!'

어느 날에나 겹겹이 둘러친 내 마음의 울타리를 걷어낼까.

금계국의 계절
– 문학기행을 가다

비 온 뒤 맑은 여름날, 관광버스를 탄다. 한국생활문학회 문학기행. 차가 팔당대교를 지나 춘천 가는 길로 들어선다. 차창 너머 강물이 흐른다. 산엔 짙은 녹음, 군데군데 밤꽃이 한창이다. 밭엔 감자 꽃이 피었다.

회장(김진원)이 일어선다. "참가해 주셔서 감사합니다. 낙산사 · 화진포花津浦로 갑니다. 긴 여정 안전하게 다녀올 수 있도록 협조해 주시기 바랍니다."란 인사가 끝나자 옆에 앉은 K 문인이 손짓한다. '저 꽃 좀 보십시오!' 도로변에 무리 지어 피었다. 황금 물결이다. 마치 우리 일행을 환영하듯 꽃대를 흔든다.

금계국金鷄菊, Golden wave이다. 황금 닭을 비유한 꽃으로 국화과菊花科에 속한다. 한해살이풀(또는 두해살이풀)로 내한성耐寒性이 강한 숙근초宿根草다. 북아메리카가 고향이다. 언제, 어떻게 한국에 왔을까? 1950년대 목초에 섞여서 들여온 것으로 추정한다. 소나 양의 입으로 들어가 좁은 창자를 거쳐 똥으로 나와 흙에 묻혔다. 그런 운명으로 이 땅에 뿌리내려, 꽃 피운 이국의 식물이다. 꽃은 해독과 열을 내려주는 효능이 있어 차로 달여먹는다. 섬유용 천연염료로도 쓰인다.

미국 태생이라 그럴까. 꽃 색깔이 노랗다. 마치 아침 이슬로 화장한 얼굴처럼 맑고 샛노랗다. 원줄기와 가지 끝에 둥근 얼굴로 하늘을 우러러본다. 달과 해를 쳐다보며 6~8월 한여름에 핀다. 뿌리내린 환경 따라 30cm에서 60cm까지 자란다.

요즘 우리의 자식 낳기처럼 꽃을 여러 송이 달지 않는다. 마디마다 뻗는 줄기 맨 끝에 한 송이만 단다. 하지만 그 꽃이 많은 열매를 맺는다. 한 꼬투리에서 떨구는 씨앗으로 이듬해 화단이 금계국밭이 된다. 그처럼 번식력이 강하다. 토양을 가리지 않는 적응력이 뛰어나다. 주로 화단용으로 이용되지만, 키가 큰 것들은 꽂이꽃용으로도 쓰인다. 곱고 맑은 얼굴에 꿀이 많다. 벌들이 경쟁하듯 찾아드는 밀원식물蜜源植物이다. 열매 많이 다는 미끼를 가졌다.

인제 터널을 지나니 계곡물이 흐르는 방태산(1,444m)이 나온다. 출렁이는 물길 따라 사람들이 산다. 10여 가구 마을이 빈집처럼 조용하다. 한적한 마을에도 군데군데 금계국이 피었다. 카메라로 그 장면을 찍는데 버스는 속도를 낮춘다.

설악휴게소에 멎는다. 음악이 흐른다. "푸른 바다 마주 잡고 솟은 설악산/백리길을 산수 따라 가는 나그네~", 배호의 설악산 노래가 반긴다. 음반 판매점을 지나 삼삼오오 모여 커피를 마시며, 이곳의 신선한 공기를 즐긴다. 비 온 뒤의 맑은 날을 잘 잡았다고 회장단에

사의를 표한다. 그때다. 갈 길이 멀다며 김 부회장이 탑승을 채근한다.

2시간여 달린 차는 어느덧 백담사 입구를 지난다. 오른쪽 산 중턱에 일곱 대의 풍력발전기 풍차가 빙빙 돈다. 타원형의 조형물이 보인다. 용대리 '황태덕장' 입구를 알린다. 바닷바람에 마르는 황태 냄새가 풍겨오는 듯하다. 설악산 자락이라서 그럴까. 공기가 서늘하다.

동해 물치항을 지나 낙산사 의상대義湘臺에 닿는다. 사방이 확 틘 육각정에 둘러앉아 시 낭송을 듣는다. 김일성金一城 · 이현화 · 노재봉 등 여덟 명의 문인이 자작시를 낭송한다. 바닷바람에 실려 오는 낭랑한 시음詩吟 소리가 가슴에 스민다. 시 낭송을 마치자 의상대 앞에 모여 단체 사진을 찍는다. 곁에 선 시비詩碑를 읽는다. 철운 조종현鐵雲 趙宗玄의 '의상대 해돋이' 시조다.

천지개벽이야
눈이 번쩍 뜨인다

불덩이가 솟는구나
가슴이 용솟음친다

여보게
저것 좀 보아
후끈하지 않은가

"금강산도 식후경"이라며 김 부회장이 탑승을 독촉한다. 20여 분 달려 속초시 교동, 한양집에 닿는다. 그 식당 입구에서 기다리던 생활문학 강원지부 회원 8명이 반갑게 맞아준다. 안내하는 방에 한정식 상이 차려진다. 수수전, 감자전, 떡갈비, 게장, 더덕구이, 산나물 무침 등의 향토 음식이다. 회장이 강원지부에서 준비한 신주神酒로 건배를 제의한다. "모두의 건강을 위하여."

술잔을 주거니 받거니 하며 밥을 달게 먹는다. 더덕구이와 산나물 무침을 두 번씩이나 추가로 받아가며 숭늉에 끓인 눌은밥까지 다 먹는다. 식사를 마치고 느긋한 마음으로 커피를 마시며 담소하다 보니 어느덧 출발시각이다.

오후 2시가 지났다. 마지막 목적지 화진포로 향한다. 통일전망대 가는 길이다. '화진포의 진실'이란 회장의 설명을 듣는다. 30여 분 달린 버스는 해안의 모래 퇴적지潟湖, 화진포호花津浦湖를 스친다. 호숫가가 해당화 꽃길이다. 그래서 이름 붙여진 화진포다. 그 꽃이 아름다운 경관을 이뤄 '고성군의 꽃'으로 지정됐다.

강물에 실려 온 모래가 바닷물에 부딪혀 길게 모래톱을 만든 자연 호수다. 72만 평 넓이에 둘레가 16km나 되는 동해안 최대 호수다. 그 호수 전면이 바다다. 눈같이 흰 모래사장, 감촉이 부드러운 명사明沙로 연중 많은 피서객이 찾는다. 짙푸른 바닷물이 끊임없이 들락거린다. 수심이 얕고 바닥이 하얗다. 저만치 섬이 보인다. 거북 모양의 금구도金龜島다. 마치 그 섬을 지키듯 수백 마리 갈매기가 바위 섬 주위를 선회한다.

화진포의 성(일명: 김일성 별장)*에 들어선다. 1953년 휴전 전 북한 땅이었던 이곳에 김일성 가족이 쉬어갔다는 집이다. 6·25전쟁 때 북한의 만행을 알리는 안보교육에 관한 내용이 전시돼 있다. 벽에 있는 남북한 낱말 대비가 시선을 끈다. '괜찮다'가 '일없다'로, '셋방살이'가 '웃방살이'로, '찌개'가 '남비탕'으로, '화장실'이 '위생실'로 써 놓았다. 남북통일도 어렵지만, 통일 후 언어통일도 쉽지 않을 것이란 생각이 든다.

60여 년 바닷바람에 흔들리며 자란 수백 그루의 금강송 길을 따라 걷는다. 이승만 초대 대통령 별장에 들어선다. 화진포 호수가 내려다 보이는 낮은 언덕 위다. 이 대통령의 역사적 자료와 유품을 전시했다. 그의 친필에 시선이 간다. '國富兵强, 永世自由, 丁酉 元旦 雩南', 그의 통치이념이었다. 2007년 7월부터 이승만 대통령 기념관으로 불리는 이 별장을 나서니 의구심이 인다. 왜 하필 남북한 전 통치권자가 이 화진포에 별장을 가졌을까? 아마도 호수와 바다를 아울러 즐길 수 있는 경치 때문이 아니었나 싶다.

기념관 언덕 아래로 내려서니 호숫가에 있는 이기붕 전 부통령의 별장이 보인다. 1920년대에 외국인 선교사에 의해 건축돼 현재까지 보전되고 있다. 이기붕 전 부통령의 처 박마리아 개인 별장으로 사용하던 곳으로 별장 내 집무실과 응접실 등의 가구가 있으며, 당시 쓰던 주전자 · 촛대 · 문갑 등이 전시돼 있다. 이 별장을 나오니 모두가 '우와~' 탄성을 내지른다.

'금계국밭'이다. 200평이 넘는 밭에 노란 꽃이 수만 송이 피었다.

같은 뿌리에서 나온 '쌍둥이들'처럼 같은 키에 똑같은 모양의 꽃이 피었다. 너나없이 그 꽃밭 앞에서 사진을 찍는다. 둘러선 사람들의 얼굴마저 노랗게 보인다.

고성군 담당 직원의 설명은 이러하다. 6, 7년 전부터 주민의 조경에 대한 관심이 높아졌으며, 금계국이 척박한 땅에서 잘 자라는 데다 생명력이 강해 관리하기 쉽고, 개화 기간이 긴 장점이 있다고 한다. 비단 고성군만이 아니라 전국 각 지자체에서 선호하는 꽃이라고 한다.

그렇다. 인터넷 자료가 그 사실을 증명한다. 금계국 단지가 한두 곳이 아니다. 춘천시 퇴계동에 조성한 금계국 단지(1만m²), 낙동강 둔치 단지 (50,396m²), 안동시의 주요 도로변에 조성한 꽃길(총연장 230km), 부산시 사상구 감전동 야생화 단지, 울산시 태화강 둔치, 천안시 성거산 천흥저수지 언덕, 서울 한강공원 망원지구 꽃밭 등 전국 곳곳에 금계국이 '여름의 꽃', '여름의 코스모스'로 그 지평을 넓혀가고 있다.

흔한 '나리꽃'이 우리나라 여름의 주인인 줄 알았는데 금계국이 나리꽃보다 많아져 간다. 언제부터인지 잘 모르지만, 금계국이 여름의 주인 행세를 한다. 도로변마다 마을의 공터마다 흐드러지게 피어 제 모습을 자랑한다. 어느새 이렇게 많이 후손의 뿌리를 내렸을까. '여름의 코스모스'란 말이 맞다.

그처럼 전국 곳곳에 금계국의 후손이 많다. 귀화한 지 어언 반세기가 지났으니 이제 우리의 꽃으로 낯익어 간다. 여름 제철을 맞이하여

긴 꽃대를 국기처럼 흔든다. 제 꽃말처럼 '상쾌한 기분'이다. 오늘 문학기행에서 가장 인상에 남는 꽃이다. 생면부지 타향에 와서 이 나라 '여름의 꽃'으로 불리도록 제 유전자를 전국에 퍼뜨린 금계국은 성공한 삶이다.

그도 타향, 나도 타향. 난 지난 반세기 동안 무엇을 했을까. 이곳 서울에 얼마만큼 뿌리를 내렸는가. 나의 계절이 있기나 한가. 금계국 만큼 주위 사람들의 시선을 끌어 본 적이 있는가? 금계국이 일깨운다. '강한 숙근宿根의 끈질김과 밀원蜜源의 맛과 향'을 가지길. 오늘 문학기행 하면서 덤으로 얻은 뉘우침이다.

* **화진포의 성**: 1938년 독일인 베버가 설계 시공한 건물이다. 선교사 셔우드 홀 Sherwood Hall이 예배당으로 사용하던 시설이다. 1948년부터 김일성은 가족(처 김정숙, 아들 김정일, 딸 김경희)과 함께 여름 휴양지로 이곳을 찾았다고 한다. 휴전 후 고성군 남부 지역이 대한민국의 관할로 편입되면서 재건 후 군인 휴양지로 이용하다가, 1995년에 다시 보수하여 역사 안보전시관으로 활용하고 있다.

세상에 공짜는 없는 법인데

누구나 공짜를 좋아한다. 나도 그랬다. 하지만 '세상에 공짜가 없다'고 하더니 그래설까. 때때로 공짜 혜택에 심적 부담을 느낀다.

학창 시절이었다. 결혼 후 7년 만에 낳은 맏이라서 그랬을까. 선물을 자주 받았다. 아버지가 안강安康장에 가시는 날이 기다려지곤 했다. 장난감 아니면 어린이 잡지(진학, 새벗, 학생계 등)를 사다 주셨다. 어머니도 때때로 노트 · 연필 또는 운동화 등을 사 주셨다. 모두 공짜였다. 내가 성인이 되어서도 외지 생활로 자식의 도리를 해드리지 못했기에 그런 생각이 든다.

중학교 졸업 후 부모님 곁을 떠났다. 영천永川에서 부산으로 갔다. 6·25전쟁 중 피난 와 있던 국립 체신고등학교에 진학했다. 영도影島다리 건너 전차 종점에 판자로 지은 건물이 임시 교사校舍였다. 기숙사비도 학비도 국비였다. 졸업 후 8년여 체신부에 복무했지만, 고등학교 과정을 공짜로 공부했다.

5·16군사정변 후 군대를 다녀왔다. '증산 · 수출 · 건설'의 시대였다. 카투사KATUSA 복무 중 영어를 익힌 덕일까. 새로 설립한 코트라KOTRA(수출진흥기관)에 들어갔다. 1965년부터 30여 년간 수출 첨병으로 외국근무를 했다. 수출시장 개척과 시장조사 업무가 주로 하는 일이었다. 일하면서 보람을 느꼈다. 그때는 세계 경제의 고도 성장기였다. 뛰면 뛸수록 실적이 올랐다. 해마다 수출목표를 초과 달성했다.

이 나라 저 나라로 옮겨 다녔다. 일본 · 미국 · 브라질 · 세네갈 등지에 바이어Buyer를 찾아다녔다. 시장을 조사하면서 현지 공장을 방문하고, 잘 팔리는 상품을 수집하여 본국으로 보냈다. 때때로 주말이면 현지를 방문한 수출업체 대표들과 같이 유명 관광지도 돌아봤다. 남들은 비싼 돈 주고 외국에 관광하러 다니지만, 나는 일하면서 여러 곳을 공짜로 구경했다.

퇴직 후에도 우대를 받는다. 고궁이나 이름난 유적지를 찾으면 문지기가 내 머리카락을 보곤 그냥 들어가라고 손짓한다. 전철의 출입구도 노인 우대권으로 드나든다. 전철이 닿는 곳이면 어디까지 가든, 하루 몇 번을 타든 그 우대권으로 통과한다. 이처럼 자주 공짜 혜택을 받으니 송구스럽다.

입장료가 없는 공원을 드나들면서도 미안하다. 오늘 아침 여의도 공원을 걸으면서 그런 생각이 든다. 많은 돈을 들여 조성한 공원이다. 수만 그루의 조경수를 사다 심었다. 때때로 물주고, 가지 자르고, 청소하는 관리비도 수월찮았을 것이다. 잔디도 금방 깎은 듯 풋풋한 풀 냄새가 난다.

걷는 길도 아스콘을 깔아서 폭신하다. 화장실도 깨끗하다. 선진국보다 더 좋은 시설이다. 운동 기구들도 요소요소에 설치했다. 여의도 공원만이 아니다. 너른 한강공원, 자연 생태 그대로 조성한 샛강공원이 내가 사는 아파트 곁에 있다. 아침저녁으로 번갈아가며 이런 시설을 공짜로 이용한다.

물론 세금을 내지만 내는 액수보다 더 많은 혜택을 누리는 것 같다. '내가 무슨 일을 얼마나 했다'고, '얼마만큼 세금을 낸다'고 이런 후한 우대를 받는가?

인제 와서 후회한다. 부모로부터 받은 은혜에 아무런 보답을 해드리지 못했음을, 현직에 있는 동안 공公을 위해 좀 더 노력하지 못했음을, 퇴직 후라도 돈을 벌어 더 많은 세금을 내지 못하고 있음을.

'세상에 공짜는 없는 법'인데.

그늘, 그 느티나무 그늘

35도 더위다. 이처럼 무더운 날이면 떠오르는 나무 그늘이 하나 있다.

고향 마을 들머리에 있는 느티나무 그늘이다. 영천永川에서 안강安康으로 넘어가는 시티재 아래다. 전면엔 청계천淸溪川이 흐르고 그 너머로 무학산舞鶴山(440m)이 서 있다. 길가 언덕 위에 있어 바람 맞이 장소로 적격이다. 마을엔 50여 호의 농민이 오순도순 살고 있다.

그 느티나무는 마을의 신목神木이었다. 강인하고 장수하는 나무였다. 120살이 넘었다고 했다. 화를 몰아내고 복을 불러온다고 믿었다. 그런 까닭으로 마을 사람들은 여기에 와서 소원을 빌었다. 기우제도 지냈고 마을에 길흉사가 있어도 나무 앞에서 제祭를 올리곤 하였다. 나도 도시에서 이따금 마을을 들을 때면 그 나무 앞에서 고개를 숙였다.

여느 마을처럼 느티나무는 정자나무다. 가지 퍼짐이 고르게 뻗어

나고, 잎이 무성하여 햇볕을 잘 가려준다. 그래서 드리우는 그늘이 짙다. 바람에 흔들리는 잎들이 마치 부채질해 주듯 시원한 바람을 일으킨다. 그래선지 그 그늘에 돗자리를 깔고 여름을 났다.

초등학교 시절, 학교에서 돌아오면 마을 친구들과 그 그늘에서 놀았다. 책도 읽고, 그림도 그리고, 노래도 불렀다. 그럴 때면 할아버지는 뒷산에서 따온 산딸기를 건네주셨다. 어머니는 "출출하지"라며 감자를 삶아다 주시곤 하였다. 어쩌다가 아버지가 사다 주시는 사탕을 입이 넣고 빨리 녹아버릴까 봐 입을 다물고 있기도 했다.

오후 2시가 지나면 어른들은 논밭으로 일하러 나가신다. 그때부터 그 그늘은 우리 차지다. 짝꿍과 그늘을 베고 드러누우면 "짜르륵 짜르륵" 하는 찌르레기 소리, "짹짹"거리는 참새들의 속삭임이 자장가가 된다. 스르르 눈이 감긴다. 밤이면 동네 친구들과 풀을 베어다 모깃불을 피웠다. 별빛 쏟아지는 하늘에서 별자리를 찾으며 즐기곤 했다. 그런 즐거움을 요즘 애들에게 전수해주지 못함이 못내 아쉽다.

놀이터가 마땅찮았던 그 시절 여름철엔, 느티나무 그늘이 유일한 소일 터였다. 그때 그 그늘의 서늘함을 지금도 잊지 못한다. 도시로 전전하면서 선풍기 바람이나 에어컨 냉기를 쐬지만 그에 비할 바가 아니다. 때때로 그때의 시원함을 느껴보고자 가로수 밑 그늘에 들어서 보지만, 그 시절 내 몸을 스쳐 가던 그 바람은 아니다.

딸기 따다 주시던 그 할아버지도, 감자 구워주고 사탕을 사다 주시던 부모님도 다 하늘나라로 떠나셨다. 같이 놀던 마을 친구들도 도시로 이사 가고 없는 그 마을을 느티나무가 지키고 있다.

그 느티나무도 이제 너른 앞마당을 도로에 내어줬다. 훈장 같은 '보호수'란 명패를 달고 서너 평의 철망 안에 서 있다. 그 옛날 그 그늘만이 쓸쓸히 드리워져 있다. 떠나간 모든 이의 얼굴을 떠올리며 흔들리는 나뭇가지를 마냥 쳐다보고 있다.

정情, 셀프서비스로 잃어가는

새로운 생활언어엔 긍정적인 면이 있는가 하면 부정적인 면도 있다. 얻음도 있고 잃음도 있다. '셀프서비스'란 언어도 그중 하나다.

서구의 셀프서비스(순화한 말: 손수 하기, 이하 셀프)란 말이 검버섯처럼 번져간다. 여러 분야로 확산하고 있다. 기계 발달로, 인건비 절약 수단으로, 개성화하는 자기 취향으로 서비스 일부를 스스로 하는 경향에 있다.

작은 대중식당에서 더욱 그러하다. 손님이 손수 하는 서비스가 한둘이 아니다. 먹는 물도 정수기에서, 밥 먹고 나서 마시는 커피도 자판기에서 스스로 뽑아 먹어야 한다. 이쑤시개도 식탁에 놓여 있지 않다. 출입구 계산대에 둔다. 계산을 마치고 밖으로 나가면서 스스로 가져가게 한다.

종업원 손이 덜 가니 업주는 이로울지 모르지만, 나는 어설프다. 줄 서서 종이컵 펴가며 물 뽑아 먹은 게 익숙지 않다. 사람과 사람이 만나서 대화가 오가야 정이 든다. 만남과 대화의 기회가 줄어드니 그만큼 '정의 샘'이 말라 간다.

이름마저 서구 언어인 슈퍼마켓에서도 셀프가 늘어간다. 살 상품을 골라 바구니나 카트에 담는다. 그 상품은 마치 국경의 통관 절차처럼 경계의 통과 절차를 거쳐야 한다. 카트에 담은 것을 출구에서 도로 컨베이어 벨트에 올려놓는다. 상품 하나하나가 계산대를 지나면서 삐~삐~ 하는 소리가 난다. 기계가 셈한 값을 낸다. 그런 다음 그 물건을 스스로 비닐 또는 종이 봉지에 다시 담는다.

이럴 때면 옛날이 그립다. 고등학교 시절, 서울 종로구 창신동에 방을 얻어 자취했다. 집 앞 상점에서 콩나물을 살 때였다. "한 움큼만 주십시오."라고 청했다. 그러면 주인이 손수 콩나물시루에서 한 움큼을 뽑았다. 그런 다음 덤으로 반 움큼을 더 뽑아 비닐봉지에 넣었다. 돈을 내면 그 봉지를 건네주면서 고개를 숙였다. 그저 고마워하던 그 아주머니의 따뜻한 마음. 손과 손으로 물건과 돈이 오갔고, 눈빛으로 정이 오갔다. 언제부턴지 그런 정을 잃어간다. 밀려오는 셀프 물결에 실려 간다.

차에 기름 넣는 것도 셀프화돼 간다. 네거리 주유소에도 셀프 주유기가 설치돼 있다. 좀 싼 기름을 넣으려면 스스로 주유기 호스를 잡아야 한다. 기름 넣고 대금 내면 그것으로 거래가 끝난다. 맞이하는 반가움이나 나누는 말 한마디 없다. 예전엔 종업원이 기름 넣어주고 인사를 했다. 주유소를 떠날 땐 "안전 운행하십시오."라며 물 한 병 건네주던 소녀의 미소도 있었는데….

셀프 물결은 생맥줏집에도 밀려온다. 잇따라 가맹점이 문을 연다. 대학가 주변에 산불처럼 번지고 있다. 손님이 앉은 자리에서 꼭지를 틀면 생맥주가 수돗물처럼 나온다. 주량酒量껏 마실 수 있다. 주문하거나 기다리거나 할 필요가 없다.

손수 뽑은 맥주량은 계산대 계량기가 자동 측정한다. 나갈 때 계산하니 편리하다. 옆 사람 눈치 보지 않고 맥주를 마음대로 마실 수 있는 자유가 있다. 반면, 생글생글 웃으며 거품 뜬 손잡이 맥주잔을 가져다주던 도우미의 모습은 사라졌다. 그 손잡이에 남아있던, 그녀의 체온은 이제 느낄 수 없다. 상냥한 눈웃음도 볼 수 없다. 술집에 술만 마시러 가는 건 아닌데….

사진도 스스로 찍는다. 자기 얼굴을 손수 촬영한다. 만리포 해수욕장에서다. 백구가 훨훨 날아오르는 푸른 바다를 등지고 서서, 자신의 모습과 밀려오는 물결을 카메라에 담는다. 아니, 카메라가 찍어준다. 디카나 손전화를 매단 셀카봉棒을 손으로 쭉 뻗는다. 셀카(셀프 카메라) 타이머에 설정한 시간에 맞춰 자동으로 찰깍한다. 찍힌 사진을 그 자리에서 손전화로 보낸다. 친구나 가족은 실시간으로 여행 중인 이의 현황을 사진으로 받아 본다. 촬영도 셀카, 보내기도 셀카로 하는 셀프다.

단체 사진도 셀카봉에 얹힌 카메라가 자동으로 찍는다. 사진사가 따로 없다. 국민 모두가 사진사인 시대다. 전엔 사진사와 렌즈 앞에 선 이가 눈짓을 해가며 사진을 찍었다. 서로 눈빛을 주고받으며 구도 잡고, 포즈 취하고, '하나 둘 셋' 하는 타이밍에 호흡을 맞췄다. 그 숨결에 정이 흘렀다.

중학교 3학년 때였다. 경주시 감포甘浦 해변에 수학여행을 갔다. 그때 같이 간 여학생들이 앞다퉈 포즈를 취하며 내게 손짓했다. 가져간 카메라로 단체 사진과 독사진을 여러 장 찍었다. '하나 둘 셋' 하는 절차를 거치면서.

그렇게 찍은 사진 필름이 귀하게 느껴졌다. 인화를 맡기면서 '사진이 잘 나와야 할 텐데'라며 마음을 졸였다. 인화한 사진을 각각의 봉투에 넣어 학우들에게 건네줄 때 모두 반가워했다. 가깝게 지냈던 이웃집 여학생은 "어머! 잘 나왔네!"라며 내 손목을 덥석 잡았다. 보조개 피던 그 '뽀얀 얼굴'은 지금도 잊을 수 없다. 그녀는 어디서 무얼 하고 살까. 만나서 내가 먼저 그의 손을 잡아주고 싶다. 어쩌면 인생이란 오를 수 없는 산정山頂을 바라보며, 그 산정을 그리워하며 걸어가는 산길이 아닐까?

그런 그리움을 잉태할 '정의 실마리'가 셀프 물결에 실려 간다. 분야나 전문성 여부를 가리지 않고 우리 생활 주변에 번지는 셀프다. 셀프 세탁, 셀프 세차, 셀프 웨딩, 셀프 인테리어 등 광범위하게 퍼져간다. 손님이 손수 음식을 담아다 먹는 '뷔페'는 이제 우리말이 됐다.

'셀프 생활언어'엔 긍정적인 면도 많다. 스스로 하는 편리함, 자기 일을 손수 한다는 명분, 그리고 상품 가격이나 서비스 비용을 줄여주는 실리가 있다. 하지만 인간이기에 이해득실과 편리만이 전부가 아니다. 사람이 서로 만나야, 눈빛이 오가야 정이 든다. 손에서 손으로, 입에서 입으로 전해지던 정들을 셀프서비스로 잃어간다. 아쉽다.

고마운 한글, 그 타자기

그 옛날 세종대왕은 문자의 기계화를 예견하였을까? 타자기 · 컴퓨터 시대에 딱 들어맞게 한글을 만들어 주셨으니, 고마운 임금이시다. 내가 직장 일을 원만히 수행할 수 있었던 것도 한글 타자기의 덕이다.

발령을 받았다. 1971년, 나고야무역관 신설 명이었다. 현지 업무 수행을 위해 휴대용 한글 타자기가 필요했다. 공문서·무역정보·시장조사 보고서 등을 작성하는 데 필수품이었다. 그래선지, 비행기에 탈 때도 손에 들고 탑승했다. 그날부터 그와 나는 함께 생활했다. 출퇴근할 때도 출장을 다닐 때도 늘 손에 들고 다녔다.

수동 타자기였다. 자판의 글쇠를 칠 때 나는 소리가 듣기 좋았다. 가볍게 치면 '토닥', 세게 치면 '똑딱' 하는 그 소리는 일하는 분위기를 북돋워 줬다. 한 글자를 치면 그다음 자가 기다리고 있는 듯한 탄력을 받았다. 자음을 치고 모음과 받침을 칠 때면 자음 옆이나 밑으로 바짝 다가가 제자리에 들러붙는 게 신기했다. 마치 포근한 품으로 달려가 안기는 연인처럼 정겹게 느껴졌다.

주재지 경제무역 동향 조사보고서를 타자 쳐야 했다. 많은 자료에서 통계를 발췌해 가며 보고서를 작성하다 보니 밤이 이슥했다. 창문을 통해 보름 달빛이 타자기 자판에 비쳐들었다. 둘이서 내는 '토닥' 소리가 수출이 느는 소리로 들렸다.

홍보가 필요했다. 도야마富山 시에 한국상품전시회를 열었다. 현지 시장, 상공회의소 회장, 참가업체 대표들과 테이프 자르는 오프닝 행사를 마쳤다. 전시장 안내석에 앉아 휴대한 타자기로 본국에 보낼 개관 보고서를 작성할 때였다.

'똑딱 똑딱' 소리가 나니 전시장을 돌던 관람객들이 내 뒤로 둘러섰다. 흰 종이에 선명하게 찍히는 글자를 보고 여러 사람이 "우와 한글 타이프라이터!" 하며 놀랐다. 현지 마쯔다 이치로松田一郎 사장은 "우라야마시이(부럽습니다)"라며 신기한 듯 타자기를 칭찬해 줬다.

그도 그럴 것이 그들은 일어판 휴대용 타자기가 없었다. 일본어는 가나假名(임시로 쓰는 문자)와 한자의 혼용이어서 작은 자판에 많은 글쇠를 수용할 수 없기 때문이었다. 그러기에 일본도 중국도 없는 휴대용 타자기였다. 그날 나는 과학적으로, 24개의 자모음으로 만든 우리 한글이 자랑스러웠다. 고마움을 새삼 느꼈다. 한글 타자기의 뿌리가 '한글'이란 것을 다시 상기시켜줬다.

1960년대 한글 타자기를 발명한 공병우 선생은 이렇게 말했다. "한글은 금이요, 로마자는 은이요, 일본 가나는 동이요, 한자는 철이다." 그 말이 맞다. 한글은 사람의 발음기관 모양과 천天 · 지地 · 인人 삼재三才를 본떠 독창적으로 만든 가장 과학적이고 체계적인 세계 유일의 음소문자音素文字이다. 세계 유명 학자도 한글의 우수성을 극찬했다. "한글보다 뛰어난 문자는 없다." (미국 언어학자 로버트 램지), "한글은 모든 언어가 꿈꾸는 최고의 알파벳이다." (영국 문화학자 존 맨).

뉴올리언스무역관 근무 때(1978)였다. 유유히 흐르는 미시시피 강어귀, 거기엔. 뉴욕이나 로스앤젤레스와 달리 현지 교포가 많지 않았다. 150여 명 사는 그곳에 한국 교회가 있었다. 여름 방학 땐 한글 교과과정이 마련됐다. 우리 집 애들도 그 과정을 이수할 때였다. 때때로 학교 교재나 행사 프로그램을 나의 타자기로 쳐주곤 했다. 그럴 때마다 교민들이 고마워했다. 타자기 덕에 교민들과 친교를 맺었다.

그다음 근무지 상파울루 무역관에 부임했다. 1983년 당시 그 나라도 우리나라와 같이 외채가 많았다. 대부분 소비재는 수입규제에 묶여 있었다. 수출을 늘리기에 고민이 깊어 갔다. 본국에서 실적 독촉을 받을 땐 며칠간 잠을 잘 수 없었다.

그러던 어느 날 현지 전력공사에서 세계은행World Bank 자금으로 구매하는 대형 변압기 국제입찰 공고가 났다. 브라질 전력화사업의 일환이었다. 한시라도 빨리 국내업계에 그 정보를 전하고자 했다. 공고문을 번역해가며 타자 치느라고 꼬박 밤을 새웠다. 보람이 있었다. 우리나라 H사가 그 입찰을 낙찰받았다. 브라질에 변압기 수출 길이 트였다. 물론 후속적인 업무지원이 뒤따랐지만, 밤새운 타자기가 고맙기만 했다.

그처럼 많은 일을 하던 타자기도 나의 퇴직과 더불어 집으로 나앉았다. 내 서재 책상 위엔 새로운 컴퓨터가 타자기 자리를 이어받았다. 밀려난 그는 책장 안에서 하릴없이 쉬고 있었다

하지만 그도 아직 쓰일 데가 더러 있다. 컴퓨터로 칠 수 없는 작은 서류철 라벨이나, 편지봉투 주소, 그리고 엽서에 간단한 인사말을 칠 때, 그 타자기 소리를 다시 듣는다. 여전히 '또딱또딱' 찍히는 그 소리에 실려 오는 지난날이 눈에 어른거린다. 때론 타자기에 기름 치고 글쇠를 닦을 때면 나고야의 그 밝은 달빛과 밤새우던 상파울루의 그 짧은 밤이 아득한 그리움으로 다가온다.

추억이라서 그리운 게 아니다. 내 할 일을 묵묵히 도와준 친구 같고, 가족 같았던 그 타자기가 고마워서다. 과학적인 그 타자기를 만들 수 있게 창제한 세계에 자랑스러운 우리 '한글'이 더없이 고마워서다.

벚나무를 면회하며

오늘은 벚나무 100그루를 시집 보내는 날. 시흥 농장 가는 내내 마음이 우울하다. 그도 그럴 것이 딸같이 키워온 나무였기에.

7년 전 시흥 채소밭(1,200평)에 750그루의 벚나무 묘목을 심었다. 두어 뼘 자란 아기 나무를 정성껏 키웠다. 흙이 건조하면 물 주고, 주위에 잡풀이 돋으면 뽑아주고, 곁가지가 뻗으면 잘라주고, 줄기에 벌레가 생기면 소독해 주고, 잎이 활기가 없으면 퇴비를 뿌리고, 1.2m 키 높이로 자랄 때까지 줄기에 돋는 순을 따주곤 하였다.

두어 해 그렇게 보살폈더니 벚나무가 화답한다. 꽃을 피운다. 4월 중순경이면 기다렸다는 듯이 일제히 꽃잎을 연다. 너른 밭이 온통 꽃이다. 장관이다. 나만 기뻐하는 게 아니다. 마을 사람들이 걸음을 멈추고 벚꽃을 즐긴다. 할아버지 · 할머니 그리고 부녀자가 아이들을 데려와 사진을 찍으며 웃음꽃을 피운다.

봄맞이하는 밭이다. 해마다 벚꽃이 필 때면 사람이 몰려든다. 월미마을 사람들만이 아니라 이웃 마을 사람들도 꽃구경하러 찾아오곤 한다. 외지의 사람들도 차를 멈추고 "아~ 벚꽃 참 예쁘다."라며 밭을 한 바퀴 돌아보고 즐거운 마음으로 돌아간다.

그런 기쁨을 준 지 5년이 되니 벚나무도 어느덧 성목成木이다. 내 키보다 높이 자랐다. 딸이 그러하듯 나무도 이제 제 살집으로 보내야 한다. 허리둘레 20cm, 키 높이 2.5m가 시집갈 적기라고 한다. 선보이고자 반듯하게 잘 자란 나무들을 사진 찍어 인터넷 '나무시장'에 올린다. 올린 지 3일 만에 전화를 받는다. 그동안 두어 번 밭에 들러, 나무를 봤다는 조경사다. 우선 100주를 사겠다고 하여 주당 5만 원에 합의한다.

그 이튿날, 벚나무가 제 살 집으로 떠나는 날이다. 목감 사거리를 지나니 물왕저수지에서 피어오르는 물안개가 내 마음의 구름인 듯 짙게 깔린다. 유리창 와이퍼로 안개를 지워가며 농장에 닿는다.

일꾼들이 먼저 와 기다리고 있다. 뽑아갈 벚나무에 빨간 리본을 두르던 조경사가 내게 다가온다.

"안녕하십니까?"

"네, 일찍 오셨습니다."

"어제 말씀드린 대로 7시부터 작업하려고 합니다."

"예, 그렇게 하시지요."

일꾼 2명이 한 조가 돼, 3개 조가 리본 두른 나무를 캔다. 밑동에서 사방 30cm 주위를 둥글게 판다. 뿌리에 달라붙은 흙과 함께 마대로 싼 다음 고무줄로 묶는다. 삽질할 때 잘린 막뿌리의 하얀 살결을 보니 가슴이 아리다. '얼마나 아팠을까!' 그 자리를 떠나 농막에 돌아온다. 마음이 착잡하여 커피를 마시는데 전화벨이 울린다. 농협회의에 참석해 달라는 연락이다.

며칠 전 약속한 모임이라서 오찬을 겸한 회의에 참석하고, 농막으로 돌아온다. 조경사가 다가오며 "작업을 마치고 곧 떠난다"고 인사한다. 벚나무가 가는 시가媤家는 "서울 강남구 압구정동 아파트 단지"라고 일러준다. 조경사와 같이 벚나무 캔 자리를 둘러본다. 군데군데가 마치 방공호같이 패였다. 저무는 햇살이 구덩이 속, 잘린 뿌리에 비친다. 내 마음에도 구덩이가 팬 듯 공허하다.

그때다. 벚나무 실은 세 대의 트럭이 시동을 건다. '부르릉' 떠나가는 트럭 짐칸에 뒤로 드러누운 벚나무 가지가 출렁인다. 나는 두 손을 흔들며 인사한다. '어서 가서 잘 살아다오. 가는 그곳에 마음 들어 했으면, 그랬으면 좋겠다.'

그 다음 날 여느 때와 같이 밭에 들어선다. 아침마다 대면하던 벚나무 자리가 비어 있다. 서운하다. '잘 갔을까. 자리 잡았을까?' 문득 거기에 가 보고 싶다. 어떤 장소에 어떻게 정착했는지? 가서 면회하고 싶다.

과천을 거쳐 반포 종합버스터미널을 지나, 압구정 거리에 들어선다. 마치 시집간 딸 집을 찾는 기분이 이럴까. 빨리 가서 만나 보고 싶다. 듣던 대로 거리는 활기가 넘친다. 젊은이들이 팔짱 끼고 무리 지어 걷는다. 길거리 쇼윈도엔 화려한 패션 옷들이 시선을 끈다. 아파트 단지로 들어가, 관리인이 안내하는 벚나무 앞에 선다.

한강이 굽어 보이는 담 밑 화단에 두 줄로 서 있다. 둥글게 잘 깎은 세 개의 버팀목에 의지한 벚나무들이 나를 반겨주듯 가지를 흔든다. 다가가 잡아준다. '나보다 전문가인 조경사의 관리를 받고 있으니 다행이다. 2년 전 태풍이 휘몰아칠 때도 버팀목 하나 세워주지 못했는데….'

이제 폭풍이 불어와도 몸이 흔들리지 않을 것 같다. 시집은 잘 온 것 같은데 내 마음이 착잡하다. 화단 앞을 걸어가며 나무에 눈길을 준다, '부디 잘 살아다오. 우리 밭보다 좋은 환경이니 해마다 싱싱한 잎과 고운 꽃을 피워 이곳 주민들에게 사랑받고 살았으면 싶다.'

내년 봄 우르르 꽃 필 그 날, 주민들이 너희를 쳐다보며 기뻐할 그 모습을 떠올리니, 벌써 내 마음이 뿌듯하다. 하지만 막상 벚나무 곁을 떠나오려니 지난날이 걸음을 붙든다. 2012년 볼라벤, 덴빈 등의 태풍이 휘몰아칠 때 가지가 꺾이고 줄기가 흔들리며 기울곤 했다. 그런데도 지주대 하나 세워주지 못했던 아쉬움이 한으로 남는다. 그러나 이제부턴 전문 조경사의 보살핌이 있을 것이니 안심이다.

헤어질 시간이다. 나는 다시 담 밑으로 한 걸음 다가간다. 늘어진 가지 하나를 잡고 작별 인사를 한다. '잘 살아라', 잡은 가지를 가볍게 흔들며. 또 한 번 '잘 살아라'.….

4부
여의도에 동틀 때면

개망초

개망초, 너를 보면 미안하다. '개망초'라고 불러서.

해마다 6~7월이면 하얀 얼굴을 든다. 농장 가는 월미마을(시흥시 소재) 길가에 무리 지어 핀다. 내가 지날 때면 기다란 꽃대를 국기처럼 흔들며 상큼한 향기로 반겨준다. 고마운 그 꽃을 왜 '개망초'라고 부를까?

그 전설은 이러하다. 100여 년 전 대한제국 시절, 외세의 침입으로 나라 운명이 풍전등화風前燈火일 때 그 꽃의 씨앗이 미국에서 들어왔다. 철도용 침목枕木에 묻어오기도 하였고, 그곳을 다녀왔던 사람들이나, 화물에 딸려 오기도 하였다. 스스로 원해서 입양 온 게 아니었다.

본의 아니게 고향을 떠났다. 물설고 낯선 한국까지 오게 됐다. 환영은 고사하고 뿌리 내릴 땅 한 뼘 주지 않았다. 먼지 펄펄 나는 메마른 도롯가의 콘크리트 틈새, 때때로 물에 잠기는 개천가, 물기라곤 비치지 않는 강가의 모래톱, 아니면 잡풀이 우거진 산자락 또는 밭두렁에 숨죽여가며 뿌리를 내렸다. 한여름 불볕더위에 목 타는 갈증을 견뎌가며 하얀 꽃을 피웠다.

그 해가 공교롭게도 1910년이었다. '국권피탈國權被奪'로 일제에 나라 잃은 해였다. 그 서러움의 화살이 입양아入養兒에 꽂혔다. 길가에 꽃피운, 처음 보는 그 꽃을 '개망초'라고 불렀다. 망할 망亡자를 넣고, '야생 상태의' 또는 '질이 떨어진다'는 '개' 자를 앞에 붙여 비하한 이름이었다. 이름이 얼마나 중요한가. 생명체는 사후死後에 남는 게 이름뿐이다.

그랬지만 뿌리내린 이 땅에 정착하려고 무진 애를 썼다. 불볕더위를 무릅쓰고 백설 같은 맑은 꽃을 여기저기 피웠다. 척박한 땅에서도 뿌리 뻗어 전국 곳곳에서 볼 수 있는 꽃이 되었다. 하지만 그게 문제였다. 채소밭이나 논둑 밭둑 등 빈 땅 어디서나 뿌리내려 제 터전을 만들었다.

개망초의 생각은 이러했지 싶다. 종족이야 좀 늘렸지만 그건 식물의 본성이 아닌가? 그런데도 해害만 끼치는, 아무짝에도 쓸모없는 잡초라며 방제대상防除對象 1호에 올려놓았다. 때때로 제초제 세례를 받는다.

이건 의붓자식 따돌림이 아닌가. 누구나 얕잡아 부른다. 지나가는 사람마다 '개망초, 개망초' 한다. 그의 고향 미국에서의 본명은 '데이지 프레아밴Daisy fleabane'이다. 본명이 있는데도 비하한 이름으로 부른다. '망국의 개망초'라고. 1910년의 화禍를 입었다. 대부분의 식물 이름이 그것의 본질이나 특성, 또는 꽃 모양을 따서 부르기 마련이다.

그런데 부르는 이의 주관이나 기분, 또는 저 자신의 처지에 따라 남을 비하한다. 얕잡아 부른다. 분명 이건 따돌림이다.

이런 일이 어찌 '개망초'뿐일까. 요즘 학교 · 군대 · 직장에서 '왕따' 당한다는 말이 그치지 않는다. '걸레', '고문관', '관심병' 등으로 남을 비하해 부르며 따돌린다.

한때 나도 그랬다. 군인 생활하면서 행동이 좀 느린 동료를 '고문관'이라 불렀다. 그러면서 그의 곁에 잘 가지 않았다. 식당에서도 그를 피해 다른 테이블에 앉곤 했다. 그가 하는 말은 믿지 않고 받아들이지 않았다. '고문관'이란 이름 하나 때문에 다른 동료에게도 따돌림을 받았다. 그는 외롭고 고독한 군인생활을 하게 됐다.

이처럼 그 사람이 살아온 토양이나 환경을 잘 알지 못하면서, 남의 좋지 못한 일면만 보고 빗대어 부를 일이 아니다. 오늘 '개망초' 이름을 곱씹으면서 지난날 '고문관'이라고 불렀던 내 잘못을 이제 뉘우친다. 개망초에도 감사하고 싶다. 갖은 수모를 받으면서 좌절하지 않고 이 땅에 우리 꽃으로 귀화하게 된 것을.

그러니 늦었지만, 지금부터라도 대하는 이의 이름을 가능한 존댓말로, 그의 본명을 불러줘야겠다. 내게 그런 능력이 있을지는 모르지만, '개망초의 개명운동'도 펼쳐가고 싶다. 그의 꽃 모양을 따서 더러 불러주기도 하는 '계란꽃', 아니면 '달걀꽃'은 어떨까?

오늘따라 농장 가는 길의 개망초는 제 서러운 마음을 이해해줘서 그런지, 얼굴이 더 환하다. 덩달아 나까지 흐뭇하다.

연륜의 향기

출근 시간이 기다려진다. 며칠 전부터 전철역 가는 길에서 보았던 노신사老紳士의 모습이 떠올라서다.

80대로 보이던 그의 인상이 참 좋았다. 부드럽고 듬직하였다. 품위 있어 보였다. 산전수전 다 겪은 신구新舊의 결이 조화를 이룬 완성미가 묻어났다. 음악을 듣는 듯 이어폰을 끼고 있었다. 옷차림새도 돋보였다. 짙은 감색 정장에 옷의 날이 서 있었다. 희끗희끗한 머리 모양이 깔끔하였다. 드물게 보는 가죽색 서류가방을 손에 감싸, 허리에 끼고 있었다. 훌쩍한 키와 적당한 몸매에 걸음걸이도 카펫 위를 걷듯 조심조심 걸었다.

무엇을 사색하는 모습이었다. 인생을 달관한 학자처럼 보였다. 진지하게 살아온 지성미와 세련미가 씨줄 날줄로 촘촘히 짜인 것 같았다. 종종걸음으로 그의 뒤에 바짝 다가가니 오래오래 숙성된 포도주의 향내랄까, 농익은 '연륜의 향기'가 풍겼다. 그 향기에 끌리는 자신을 느꼈다.

내 모습이 그에 대비된다. 초라하게 느껴진다. 퇴직 후 20여 년간 자기 관리에 소홀하였다. 마치 할 일을 다 한 사람처럼 남을 의식하지 않는다. 주름만 늘어가고 얼굴은 거칠하다. 윤기가 없다. 다듬지 않고 신경 쓰지 않는다. 누군가 말해주지 않는 연령대라서 스스로 나태해진 탓일 거다. 현실에서 한 발 뒤로 물러선 노둔老鈍(늙고 둔함)의 틀 안에서 안주한다.

바뀌는 계절에, 시대 조류에 적응하지 않은 채 그날이 그날 같은 구태의연한 나날이다. 공부하지 않는다. 배운 것은 잊어가고 새것은 받아들이지 않는다. 어릴 적 할아버지로부터, 논어論語에서 말하는 처세법을 배웠건만 개의치 않는다. '온고이지신溫故而知新 가이위사의可而爲師矣', 즉 '옛 학문에 익숙하고 새로운 지식을 아는 사람은 다른 이의 스승이 될 수 있다'란 길잡이를.

차림새도 그렇다. 눈처럼 하얀 머리카락이 텁수룩하다. 전처럼 이발도 자주 하지 않는다. 시대에 어울리지 않는 복장이다. 바지통이 헐렁하고 직장 다닐 때 입던 그 웃옷은 색깔도 바랬다. 손에 든 가방도 큼직한 천 가방에 걷는 자세도 꾸부정하다. 전형적인 70대의 겉늙은 노인 같다.

매무새만이 아니다. 하는 일도 그렇다. 가족 도두가 말리는 농장일(조경수 천여 그루 키우는 일)을 고집스럽게 이어간다. 밭에서 풀 뽑고, 나무에 물주고, 가지 치는 일에 매달리는 나날이다. 건강에 도움이 될지는 몰라도 진취적이거나 새로운 게 없다. 할 일 없는 날, 출근할 사무실(농막)이 있다는 마음의 의지처이기에 그 틀에서 벗어나지 못한다.

그랬던 의식에 물결이 인다. '그 노신사를 본받아야지' 하는 자각이다. 어찌 보면 잘 산다는 건 잘 살아가는 이를, 자신의 롤모델Role model(본보기)로 삼아, 일상의 삶을 바꿔가는 일이지 싶다. 구태에서 벗어나야 새로운 삶의 영역으로 활력이 생긴다. 느슨하던 일상에 생기가 돈다.

이른 새벽에 잠을 깬다. '동트는 기운을 받아야지' 하며 간소복을 입는다. 공원을 돌면서 오늘 할 일을 생각한다. 집에 돌아와 샤워한 다음 여러 번 빗질한다. 전과 달리 얼굴에 크림도 바른다. 흰 셔츠에 새 양복을 입는다. 퇴직 후 한 번도 쓰지 않던 향수도 옷에 뿌린다. 그 신사처럼 손가방도 서류 가방으로 바꾸고 구두도 닦는다. 복장이 단정하니 마음이 차분하다.

정신도 맑다. 막연히 밑그림만 그려오던 내적 충실을 기해야겠다. 농장일은 가능한 전문 관리인에 맡기고, '학문도 다시 익히고 신지식도 배우자.'란 각오를 한다.

K 문화센터에 수강 신청하고, 첫 강의를 들으러 가는 날 아침이다. 엘리베이터 앞에서 전에 몇 번인가 만났던 옆집 사람을 만난다. "오늘 무슨 행사가 있습니까?"라고 내게 묻는다. "아닙니다. 공부하러 갑니다. 문화센터에 논어論語와 스마트폰 강좌를 들으러 갑니다."

큰길에 들어서니 오늘도 그 노신사가 걸어온다. 서로 아는 체 눈인사를 한다. 그의 모습은 여전히 깔끔하다. 오랜 연륜에서, 잘 짜인 내면에서 우러나는 향기는 은은하다. '롤모델'이라서 그럴까. 농익은 그의 향기가 나의 갈피를 잡아준다. 잠자던 내 의식에 불 피워준 그에게 고마움을 느낀다.

언제일지 모르지만, 한강이 내려다보이는 카페에 마주앉아, 그의 '연륜의 향기'를 듬뿍 받고 싶다. 그래서 나도 그 노신사처럼 누군가의 '롤모델이 되었으면' 하고, 오늘도 그의 뒤를 걸어간다.

난 어디를 그렇게 빨리 가려는가

문명은 날로 발전해 간다. 그 덕에 일상의 일들이 수월하다. 시간도 덜 걸린다. 마땅히 여유가 있어야 할 텐데 그렇지 않다. 살아갈수록 마음은 자꾸만 급해져 간다.

오늘 나는 시간을 벌었다. 병원 · 동회 · 은행 · 우체국 일을 2시간에 마쳤다. 전 같으면 4시간 이상 걸리던 일이었다.

2개월마다 들르는 S 병원에 갔다. 손가락 피를 뽑아 검사를 받았다. 순환기내과로 갔다. 그 문 앞, 혈압측정기에 팔목을 넣어 혈압을 쟀다. 예약한 8시 30분이 됐다. 혈압 수치표를 간호사에게 건넸다. 의사는 컴퓨터 화면에 뜬 나의 심장확장증 병력病歷을 읽으며 청진기를 내 가슴과 등에 대어 심장 박동을 살폈다. “이상이 없습니다. 약은 계속 복용하십시오. 2개월 후에 다시 봅시다.”

간호사가 건네주는 진료권을 받는다. 수납창구에서 진료비를 낸다. 약 처방 발행기에서 처방전을 받아 약국으로 간다. 병원에서 두어 블록 떨어진 S 약국에 닿는다. 처방전을 건네고 약값을 결제하니 약 봉투를 내게 준다.

"이렇게 빨리! 어쩐 일입니까?"

"예, 병원 처방전 발행기와 저희 컴퓨터가 온라인on line 돼 있습니다. 손님이 약국으로 오시는 동안에 미리 약을 지었습니다."

전에는 약국에 도착하여 처방전을 내고 결제 과정을 거친 다음 약을 지었다. 아침과 취침 전에 먹을 약, 각각 60일분을 개별 봉지에 넣는 작업으로 30여 분을 기다려야 했다. 오늘은 대기 시간 30분을 벌었다. 온라인의 덕이다.

다음은 여의도 주민센터에 간다. 9시가 조금 지났다. 번호표를 뽑는다. 창구엔 줄 선 사람이 없다. 신분증을 보이니 주민등록 등본을 컴퓨터에서 바로 뽑아준다. 창구에 쓰인 글이 눈에 띈다. '출입국 사실 증명서'도 주민센터에서 떼어준다는 안내다. 딸애가 부탁했던 그 증명서도 여기에서 받아 쥔다. 전 같으면 이곳에서 서울 출입국관리사무소(양천구 신정동)까지 가서 신청할 수 있었던 그 증명서다. 출입국관리사무소에 오가는 시간과 발급받는 대기 시간을 합해 거의 1시간 30분을 번 셈이다. 업무 전산화의 덕이다.

이어서 재산세를 내러 은행에 들른다. 마감 날이라 사람이 많을 줄 알았는데 아침 시간대라서 그런지 기다리는 사람이 없다. 기계에서 바로 세금을 내고 통장정리까지 마친다.

오늘 마지막 일정으로 우체국에 들른다. 편지 2통을 붙이고 책 3권을 발송한다.

일을 다 마치니 이제 10시다. 몇 개월 전만 해도 4시간 이상 걸리던 일련의 일을 오늘은 빨리 마쳤다. 2시간이 단축됐다. 10일이면 20시간, 100일이면 200시간, 1,000일이면 2,000시간이다. 그렇게 시간을 벌었으니 여유로워야 할 일상인데 여전히 시간에 쫓긴다.

밥 먹으면서 손전화(스마트폰) 화면을 읽는다. 애들처럼 길 걸으면서 그 화면을 긁는다. 화장실까지 전화기를 들고 다닌다. 난 무엇이 그리 급할까. 어디를 그렇게 빨리 가려는가. 일상의 일에 시간을 벌고 있는데, 수명도 길어져 가는데….

햇고구마 먹으러 갔는데

농장 가는 길, 시흥시 월미마을 입구다. 버스에서 내려 마을로 들어서니 밭에서 고구마 캐던 영농회장이 일어서며 반긴다.

"추석 잘 쇠셨습니까?"

"덕분에 잘 지냈습니다."

"점심시간에 햇고구마 먹으러 오십시오."

"예, 감사합니다."

채소밭에 배추 모종 20여 포기를 심고 물을 주고 나서 그의 집에 들른다. 그는 농협 관련 일로 자주 만나는 마을 유지다. 영농회장이 거실로 안내하며 상에 차린 삶은 고구마를 권한다. 방에서 공부하던 두 손자(고교 1년과 3년생)를 불러내 내게 인사시킨다. 앞으로 애들의 진로에 대해 지도해 주시기 바란다며 걱정하신다. 그때 애들을 공부방으로 돌아가게 하더니 아침 신문을 펼친다.

아이패드iPad(태블릿 컴퓨터)를 만든 애플 창업자 스티브 잡스도 "제 자녀에게 아이패드를 쓰지 말라고 했다"는 기사였다. 보통 일이 아니라며 공부는 하지 않고 스마트폰을 손에 들고 산다고 한다. 시도 때도 없이 화면을 긋는 중독 환자란 얘기다.

너나없이 어느 집에서나 부모들이 걱정하는 스마트폰 집착증이다. 김영하 소설가의 말처럼 '시간 도적'임엔 틀림없다. 하지만 긍정적인 면도 있다. 내 전력前歷(수출 진흥 업무) 때문일까. 평소에 이 문제를 '발전의 굴림대'로 보아온 터라 나의 생각을 말해주고 싶다.

너무 걱정하시지 않아도 될 것 같습니다. 집에 애들이 학교 공부를 잘한다는 소문을 듣고 있습니다. 애들에겐 인터넷이 새로운 세상입니다. 호기심 많은 애들이 찾고 싶은 지식과 보고 싶은 내용이 거기에 있기 때문입니다. 더러 게임도 합니다만 한참 감수성이 예민한 그 애들이 새 세상에 대한 관심과 흥미를 느끼는 건 당연하다고 생각합니다.

지난 8, 90년대 '컴퓨터 시대'의 경험이 이 문제를 풀어주고 있습니다. 그때에도 지금의 스마트폰처럼 학부모들이 걱정을 많이 했습니다. 애들이 학교 공부는 하지 않고 컴퓨터 앞에 앉아 게임만 한다는 태산 같은 우려를 하였습니다. 저도 집안 애들을 꾸중하곤 했습니다. 그 애들이 그토록 컴퓨터에 몰두했기에, 그런 토양과 저변底邊이 있었기에 우리나라의 위상이 달라졌습니다.

정보기술IT 강국, 세계 1위의 컴퓨터 보급률(80.6%)과 스마트폰 보유율(67.6%)을 가졌습니다. 스마트폰 시장을 석권하던 미국과 핀란드의 기기를 제치고 우리나라가 세계 1위 공급국(시장 점유율 38%)

으로 부상했습니다. 어느 나라를 가나 스마트폰 하면 한국의 갤럭시 Galaxy나 옵티머스Optimus를 떠올립니다. 반도체, 통신기기 등의 정보기술 산업이 우리 경제의 견인차가 되고 있습니다.

경제면뿐만 아니라 우리의 문화도 덩달아 한류韓流를 타고 있습니다. 영화를 비롯한 영상산업이 그렇고 게임산업도 그렇습니다. 뒤처졌던 우리나라의 게임산업이 온라인, 모바일 게임으로 발전하면서 세계 시장을 선도하고 있습니다. 많은 청년 일자리를 만들고 있습니다.

물론 학교 공부를 소홀히 하고 스마트폰에 매달리는 건 문제이지만, 수업시간 외에 인터넷 세상에 들어가 제 좌표를 찾고 진로를 모색해 가는 건 바람직합니다. 가파른 현실에 밀리지 않는 내성을 키웁니다. 스마트폰을 긋는 것도 공부이며 제 신지식 쌓기입니다.

자격증 취득 · 어학 공부 · 수능 강의 등 온라인 영상 강좌가 늘어가는 이유이기도 합니다. 센 바람을 역류하긴 어렵습니다. 세계 각국의 동년배들이 그 길로 가고 있습니다. 최근 개발한 공부와 게임을 접목한 앱app(application의 약자)들도 학습 효과를 높이고 있습니다. 스마트폰 사용이 문제가 아니라 건강하게 활용하도록 유도하는 게 현실적 대안이지 싶습니다.

새로운 문물에 집중할 수 있다는 건 발전 가능성이 있다고 볼 수 있습니다. 시도 때도 없이 열중하는데 이루지 못할 일이 없을 테니까요. 집집이 스마트폰에 매달리는 애들로 걱정합니다만, 그들이 주인이 될 미래의 세상은 지금보다 더 밝고 행복할 것이라고 전문가들이 전망하고 있습니다. 하지만 세상엔 내일보다 오늘이 더 절실한 일도 있을 것입니다. 사안事案의 선택은 개개인의 사정에 따라 스스로 판단해야 할 일이지 싶습니다.

'시간 도적'이란 스마트폰이 문제는 문제인가 보다. 햇고구마 먹으러 갔는데, 그 맛을 말할 겨를도 없이 스마트폰 이야기로 시종일관했으니.

보고 싶다, 베이징의 맑은 하늘

베이징 관광을 마치고 귀국할 날이다. 아침밥을 먹고 아내와 같이 호텔 창가에 앉는다. 딸애가 커피를 타 온다. 공항으로 출발할 시각, 1시간이 남았단다.

오늘도 바깥이 뿌옇다. 두어 블록 앞이 보이지 않는다. 짙은 스모그에 가렸다. 베이징에 머문 4일간 쭉 그랬다. 어둠침침한 날이었다. 베이징의 가을 하늘을 볼 수 없었다.

서울의 하늘이 어른거린다. 출국하던 날(10.7), 아니 그 이전 며칠간 구름 한 점 없이 맑았다. 차창 너머로 북한산 정상이 뚜렷이 보였다. 한강 물도 반짝반짝, 금빛 물결이었다. 김포 들판도 노랗게 익어가고 있었다. 대기는 맑고 하늘은 바다처럼 푸르렀다. 한 시간 반의 비행 거리, 서울과 베이징의 하늘은 이렇듯 딴판이었다.

지난 4일간 햇빛을 볼 수 없었다. 도착한 날 오후, 천안문天安門 광장과 고궁故宮박물관을 구경했다. 세계 최대 규모라는 광장은 가까운

데만 볼 수 있었다. 전에 자금성紫金城이라고 불리던 고궁은 원元 · 명明 · 청淸으로 이어지는 800여 년간 왕조의 궁궐이었다. 동아시아 일대에서 무소불위의 절대적인 권력을 휘둘렀던 중국 정치 1번지였다. 자객刺客을 의식해 너른 궁내에 풀 한 포기, 나무 한 그루도 심지 않았다는 고궁엔 스모그가 자욱했다. 배경 넣고 사진 한 장 찍을 수 없었다.

그 다음 날, 달에서도 보인다던 만리장성(2,700km)을 둘러볼 때도 스모그가 장성을 덮었다. 관광 사흘째 날, 협곡 유원지 용경협龍慶峽을 찾았다. 가파른 산세와 기암괴석 사이로 맑은 물이 흐르고 있었으나 선상에서 바라본 경관은 어두웠다. 협곡을 둘러싼 산마루도 잘 보이지 않았다. 짙은 스모그 속엔 해님 아닌 달님이 구름 속을 흘러가는 듯 보였다. 근경만 보고 원경의 산수를 볼 수 없었다. 절반의 구경이었다.

그날 오후, 마지막 관광으로 황실 정원인 어화원御花園을 찾았다. 연못엔 붉은 잉어가 노닐고 있었다. 정원 곳곳에 낯익은 늙은 나무가 즐비했다. 영화榮華의 역사를 읽을 수 있었다. 빨간색(1급), 초록색(2급) 이름표가 나무의 신분을 말해줬다. 우리나라 경복궁이나 창경궁에서 보았던 회화나무와 측백나무였다. 저 나무 씨앗들이 우리나라에 건너오지 않았을까?

하긴 회화나무가 중국의 학자 나무Chinese Scholar Tree로 일컬어지고 있으니 아마도 그럴 것이다. 어찌 나무뿐이랴. 우리의 불교 · 유교도 중국을 거쳐서 들어 온 문화다. 내 속엔 화석처럼 굳어진 한자어가 한글과 더불어 동거한다. 나의 성姓도 중국에서 들어왔다고 한다.

노크 소리가 들린다. 호텔 종업원이 영자 신문China Daily을 건네준다. 일면 머리기사에 실린 큰 사진이 시선을 끈다. 마스크를 착용한 시민들이 어둠침침한 거리를 걷는 장면이다. 사진의 제목명은 '베이징을 덮은 짙은 스모그'이다. 5단 기사의 내용을 간추린다.

> 베이징과 텐진天津 등 수도권 지역에서 극심한 스모그 현상이 나흘째 계속됐다. 일부 항공편이 결항하고 도로가 폐쇄되는 피해가 속출했다. 10월 10일 베이징은 전날에 이어 초미세먼지 농도(PM2.5)가 세계보건기구WHO 기준 15배를 넘겼다. 세제곱미터 당 350마이크로그램을 오르내리는 심각한 수준이었다. 가시거리가 200m가 채 안 돼 앞을 내다보기 어려웠다. 급기야 기상청이 발령했다. 가장 높은 '적색경보'보다 한 단계 아래인 '주황경보'를.

서울에서도 스모그 같은 황사는 더러 만났다. 봄날에 찾아오는 불청객이었다. 베이징엔 시도 때도 없이 찾아온다고 했다. 한 달에 10여 일간이나 햇빛을 가려 푸른 하늘을 볼 수 없단다. 그래서 "식물은 광합성 작용에 목말라 한다."는 도우미의 설명이었다.

성장의 여진餘震이었다. 1978년 덩샤오핑鄧小平의 개혁·개방으로 굴뚝이 열렸다. 시장경제가 시작된 지 30여 년, 그 짧은 기간에 세계 제2의 경제 대국으로 발돋움했다. 경제발전의 후유증이었다. 밤낮으로 돌아가는 공장에서 내뿜는 매연, 늘어난 차량이 뿜어내는 배기가스, 건설 현장의 분진 등이 한데 뒤엉켜 일어나는 공해였다.

그런 공해 때문에 햇빛을 볼 수 없다. 맑은 서울의 가을 하늘이 그리워진다. 베이징에 머문 지 4일밖에 되지 않았는데도 빨리 가서 푸른 하늘을 보고 싶다. 평소에 무심하게 느꼈던 서울의 가을 하늘이 오늘따라 눈에 선하다.

비행기로 한 시간 반이면 닿을 수 있는 거리, 중국은 우리의 이웃나라다. 정신문화의 뿌리다. 내 선대가 살던 땅이다. 하루빨리 공해의 언덕을 넘었으면 싶다. 언제일지 모르지만, 베이징의 맑은 가을 하늘을 보고 싶다.

수수

오랜만에 고향을 찾는다.

지금은 여동생이 사는 마을이다. 그 동네 입구에 들어선다. 길가 밭에 내 키보다 높이 자란 수수가 줄을 서 있다. 지난날 어머니가 수수 농사짓던 그 밭이다. 햇살이 일렁이는, 알알이 익어가는 소리가 들려오는 듯하다. 알맹이를 주렁주렁 달고 고개 숙인 수수가 나를 60여 년 전으로 데려간다. 그 시절 어머니는 수수 음식을 자주 만들어 주셨다.

찰수수밥이 먼저 떠오른다. 정월 대보름이면 잡곡밥을 지어주셨다. 콩 · 팥 · 밤 · 대추 등 몸에 좋다는 재료는 다 넣어 지은 수수밥이었다. 고봉밥을 상에 올리며 "큰아야, 이 밥을 다 묵어야(먹어야) 잔빙(병)이 없는 기라."고 하셨다. 그때 어머니는 수수가 성장을 돕고, 위장 · 방광염 · 심장질환에 좋다는 것을, 고량주 · 계명주 · 문배주의 주원료란 것을 알고 계셨을까?

해마다 조청을 고아주셨다. 긴 겨울밤 친구들과 이슥토록 밖에서 놀다 돌아오면 "배고푸제(고프지)." 하셨다. 화로에 호박떡을 구워서 조청에 여러 번 찍어주셨다. 단맛에 즐겨 먹었다. 수수의 검붉은 색이 잡귀를 쫓고 건강을 부른다는 수수 팥떡을 내 생일상에 올려주시곤 하셨다. 한여름 수수 자라듯이 커 가기를 염원하셨을 것이다. 그 덕으로 지금껏 큰 병 없이 살고 있지 싶다. 그때 자주 먹었던 수수 음식이 내 건강의 밑거름이 되었으니.

얼마나 손이 많이 가는 수수인가. 씨 뿌려 여름 내내 키워서 추수하는 과정을 제쳐놓고라도, 이삭을 털고, 알맹이를 말리고, 빻고, 가루 내고, 끓이고……. 특히 조청은 끓이면서 졸이는 '정성의 결정체'였다. 큰 가마솥에 안쳐 장작불을 땠다. 보글보글 끓는 조청을 나무막대로 휘휘 저어 가며 온종일 달이셨다. 겨울 동안 내게 먹이려고 아궁이 앞에 앉아 계셨던 어머니의 불빛 얼굴이 눈에 선하다.

학창시절이었다. 아버지는 알맹이를 털고 난 수숫대를 엮어서 빗자루를 만들어 하숙집에 가져다주셨다. "수수 빗자루는 악귀를 쫓아내고 실내 먼지를 쓸어내는 데 좋다."고 하면서 주인집과 내 방 청소용으로 한 자루씩 건네주셨다. 가까운 이웃에게도 그리하셨다. 그때는 그것을 대수롭지 않게 여겼다. 이제 생각하니 그게 나눔이고, 사랑이었다. 내가 손수 만들어 애들이나 이웃에 나눠준 게 어떤 것이 있을까. 아무것도 없다. 부끄럽다.

아픈 추억이 또 있다. 수수 풀떼기(수숫가루로 풀처럼 쑨 죽)다. 식량이 모자랐던 그 시절, 수수를 디딜방아로 빻은 다음 맷돌로 가루 내 죽을 쑤셨다. 밥 대신 끼니였다. 멀건 죽을 먹으면서 "건더기는 하나도 없네!"라며 투정을 부렸다. 그때 멋쩍어하셨던 어머니의 그 표정을, 그 속내를 나는 읽을 수 없었다. 멍청했다.

'직장이 뭔가. 수출이 내게 그리 중요했나!' 부모님 곁을 떠났다. 내 젊은 시절(30여 년)을 외국에서 보냈다. 남들처럼 가족을 데리고 명절에 찾아뵙지 못했다. 돈을 많이 벌어 부쳐줄 수 있는 처지도 아니었다. 외국에 살면서도 한 번도 외국 구경을 시켜드리지 못했다. 아무것도 해드린 게 없는 장남이었다. 집 가까이 살면서 넥타이 매고 출근하는 모습을 그리 보고 싶어 하셨던 그 원願을, '군청 서기' 되기를 바라셨던 그 소원을 끝내 풀어드리지 못했다. 불효였다.

수숫잎이 바람에 흔들린다. 사그락사그락~ 내 아픈 데를 긁는다. 지붕 위 누런 늙은 호박이 나를 내려다본다. 그래선지 여동생을 앞세우고, 어머니가 이른 새벽마다 정화수 떠놓고 나를 위해 치성을 드렸다는 샘터에 찾아간다.

냄새는 보이지 않는다

누구나 보이는 외면은 잘 다듬고 가꾸지만 보이지 않은 내면은 간과하기 쉬운 게 우리의 일상이다.

며칠 전 미국 뉴올리언스 경제인 일곱 명이 방한했다. 상담 목적이었다. 3박 4일간의 일정을 마치고 귀국하는 날, 63빌딩에서 오찬을 함께했다. 53층 식당에서 여의도의 고층 빌딩과 유유히 흐르는 유람선을 굽어본 그들은 이구동성으로 "서울이 10년 전 모습이 아니다."라며 그동안의 발전상을 칭찬하였다. 다 같이 손뼉까지 쳐줬다.

그들은 1980년대, 내가 뉴올리언스무역관 근무 때 업무상 자주 만났던 현지 무역인이다. 그때 무역관 주선으로 한국 업체와 맺은 교역의 끈을 이어오는 최고경영자CEO이다. 모두 한국의 발전만큼이나 상호 간의 무역량도 늘고 있다고 흐뭇해 한다. 식사를 마치고 담소하는 사이, 어느덧 인천공항으로 출발할 시간이다. 모두 공항버스를 탄다고 한다.

63로를 건너면서 나는 길가 거치대에 줄을 선 공중자전거를 가리키며 "누구나 카드 결제로 자전거를 탈 수 있다"고 자랑한다. 대교아파트 공항버스 정류장까지는 두어 블록 거리, 시범아파트 단지에 들어서자 우거진 조경수를 배경으로 단체 사진을 찍는다. 이때 S 사장은, 여기가 마치 "뉴올리언스 프렌치쿼터(프랑스인들이 살던 구시가지) 시가지 같다"고 말한다. 환경 기자재를 만들어 수출하는 N 사장은 쓰레기 분리수거가 잘 되어 있다고 넌지시 말해준다. 어린이 놀이터에 아스콘이 깔렸다며 놀라워한다.

길을 건너면서 아파트 단지를 걸으면서 보이는 시설물 하나하나에 '발전의 속도'를 읽어내는 그들의 시각이 기업가답다. 평상시 무심코 지나쳤던 시설물에 칭찬을 해주니 뿌듯해진다.

하지만 그런 흐뭇함도 여기까지다. 대교아파트 공항버스 정류장에 닿자, 모두 코를 실룩거린다. 역겨운 시궁창 냄새다. 빗물받이(스틸 그레이팅)가 깔린 길가 맨홀에서 3~4m 옆으로 물러서게 안내한 후 "대단히 미안합니다. 요즘 가뭄으로 빗물에 씻겨가지 않은 지하 쓰레기에서 나는 냄새"라고 얼떨결에 어물쩍 말한다. 순간 내 얼굴이 화끈거린다. 가슴이 콩닥거린다.

이런 냄새는 비단 오늘만이 아니다. 때때로 빗물받이 안에서 나오는 퀴퀴한 냄새, 버스 정류장이나 도로 건널목에서 맡곤 하는 악취다. 보이지 않은 냄새다.

켜켜이 쌓인 하수 찌꺼기에서 나는 냄새다. 내 안의 쓰레기도 그럴 것이다. '마음의 쓰레기', 이를테면 욕심 · 시기 · 허세 같은 떨구지 못한, 씻지 아니한 오래오래 묵은 쓰레기에서 나는 냄새가 은연중 말과 행동으로 풍길 것이다.

쓰레기, 길에 버리는 걸 우리는 나는 더러 보고 산다. 지나가는 차 안에서 담배꽁초를 도로에 던지는 것을, 쓰레기를 맨홀 그레이팅에 버리는 것을. 무심코 버리는 담배꽁초나 음식물 쓰레기가 우리의 체면을 깎는다. 수많은 관광객에게 서울의 이미지를 훼손시킨다. 꽁초나 쓰레기를 도로에 버리지 않아야 하는 것은 주민이 지켜야 할 사회규범이다. 서울 시민의 의무요, 자존심이다.

담당 지자체에서도 이에 대한 대책을 마련해야 한다. 도로변 빗물받이 안에서 나오는 냄새를 없애는, 모기 · 파리 · 벌레 등의 해충이 나오지 않게 하는 소독은 필수다. 평소에 닫혔다가 비 올 때면 열리는 맨홀 덮개 같은 신제품으로 바꿔가야 하지 않겠는가? 우리의 경제수준에 걸맞은 빗물받이로.

우리는 선진국 문턱에 서 있다. 걷고 싶은 여의도 거리, 서울 거리를 만들어 가는 건 우리 모두의 바람일 것이다. 보이지 않는 냄새를 잡는 것도 우리가 해야 할 몫이다. 늦출 수 없는 현안이다. 이참에 내 '마음의 쓰레기'도 하나씩 들어내야겠다.

공초, 그의 무소유의 삶

무엇에 그리 바빴던가? 존경하던 오상순吳相淳 선생이 세상을 떠난 지 52년, 내가 문인의 길을 걸은 지 13년이 지난 이제야 선생의 묘소를 찾는다. 오늘 서울시 주최 문학기행(2015년 4월 30일)에 참가하여 북한산 빨래골에 오른다.

<백암배드민턴장> 앞에서 잠깐 휴식을 취할 때 '오상순 선생의 삶과 문학'이란 자료를 받는다. 오늘 기행을 주관하는 국제펜클럽한국본부 김경식 사무총장이 작성한 그 유인물을 읽으면서 선생의 지난날을 상기한다. '자신을 비우고, 세상을 초월한다'는 '공초空超'의 호에 걸맞은 삶을 사셨다. '무소유'의 삶이었다.

1894년 서울에서 출생한 선생은 효제보통학교 · 경신고보 · 일본 도시샤同志社대학 종교학과를 졸업하였다. 그는 원래 기독교 신자로서 1919년 교회 전도사였으나 그 뒤 불교로 개종해 1921년 동국대 전신인 조선중앙불교학교에서 교편을 잡기도 했다.

전국 여러 사찰을 전전하였다. 참선과 방랑의 생활을 계속하면서 문학 작품을 발표했다. 황석우, 변영로, 염상섭 등과 문학지 <폐허廢墟>의 동인으로 활동하였다. 창간호에 '시대고時代苦와 그 희생'을 썼다. 식민지 현실을 딛고 새로운 건설로 나아가야 한다는 주장을 담았다. 1935년엔 대표 시 '방랑의 마음'을 문예지 '조선문단'에 발표했다. 1956년 예술원상, 1962년에 서울시 문화상을 수상하였다.

선생에 대한 '숭모의 염念'은 예나 지금이나 변함없이 이어지고 있다. 그가 세상을 떠난 후 지인과 후학들이 모여 결성한 '공초숭모회'에서는 해마다 추모제를 올린다. 1993년, 작고 30주년 및 탄생 100주년을 기념하여 '공초 문학상'을 제정, 그해부터 해마다 기일 무렵에 맞춰 시상식을 열고 있다.

그는 '무소유의 삶'을 몸소 실천하였다. 집도 가족도 없었다. 결혼도 하지 않았다. 선생은 '꽁초'라고 불리듯 애연가였다. 그의 줄담배는 깨어서 취침할 때까지 이어졌다. 하루에 20갑을 피웠다. '금연'이란 단어가 싫어 극장 따위엔 발을 들이지 않았다.

하지만 그는 담배에 집착한 건 아니었다. '나와 시와 담배'란 시에서 보여주듯 그는 명멸하는 인생과 흩어지는 담배 연기를 동일시하며, 제행무상諸行無常의 진리를 직관하고 무소유로 일관하려는 의지의 표출이었다. '공초'다운 삶이었다.

나도 젊은 시절 30여 년간 많은 담배를 피웠지만, 그런 의지도 없이 무의식적으로 남 따라 피었다. 담배뿐이 아니었다. 나날의 삶도 그러하였다. 늘 더 가지려고 집착하기에, 좀 더 너른 아파트에 살려고 밤낮으로 뛰어다니기에 바빴다. 단 한 번뿐인 인생인데 현실 밖, 나만의 '영靈적인 버팀목' 하나 없이 그저 더 소유하고자 하는 세속적인 욕망에 얽매인 나날이 아니었나? '참 초라한 삶이었다!'

문인들이 번화가에 모였다. 육이오전쟁이 휴전된 후 명동은 문학과 예술의 중심지였다. 선생은 조계사에 숙식하면서 당시 유네스코회관 골목에 있던 '청동다방(주인 연극인 이해랑)'에서 예술가와 문인들을 만났다. 그때 선생은 다방을 찾는 문학이나 예술인에게 글을 쓰거나 그림을 그리게 했다. 그 글과 그림으로 비망록(일명 낙서첩)을 만드셨다.

'청동산맥靑銅山脈'이라 불리던 그때의 기록물이다. 많은 예술인, 젊은 문학도와 악수할 때마다 알알이 적어놓은 '즉흥시화집'으로 195권에 달하는 한국 문단의 아름다운 잠언집이다. 그 시화집엔 10여 년간 청동다방을 드나들던 예술인들의 흔적이 고스란히 담겨 있다. 공초 선생의 이런 기록이 없었다면 명동 예술인들의 삶은 많은 부분이 단절됐을 것이다. 낙서첩 '청동산맥'은 건국대박물관이 소장하고 있다.

그 시절 예술가들의 필체와 글과 그림 등의 다양한 내용을 담았다. 이은상 선생이 기록한 글도 보였다. '오고 싶지 않은 곳으로 온 공초여, 가고 싶은 곳도 없는 공초여'라며, 오상순 시인의 삶을 설파한 글을 남겼다. 서정주 시인은 '안녕하시었는가. 백팔의 번뇌 내 고향의 그리운 벗들'이란 글귀를 통하여 당시 작가들의 방랑과 낭만의 흔적을 한 줄로 표현했다. 박목월 시인도 다방을 찾아 비망록을 썼다. '우연히 다방에 들러 선생님을 뵙게 되니 반갑습니다.'라는 일상적인 인사말을 남겼다. 김관식 시인은 '슬픔은 차라리 안으로 굳고, 겉으로 피는 자조의 웃음'이란 시적 표현을 통해 자신의 존재를 알렸다. 이어령 교수는 '여기에는 시초도 종말도 없다'고 써 놓았다.

비망록 때문이었는지는 잘 모르겠지만, 문인이나 문학 지망생이 찾아오면 '반갑고 고맙고 기쁘다'란 말씀으로 반긴다고 하였다. 그래선지 1958년 3월 어느 날 친구 한 명과 같이 그 다방에 들렀다. "글쓰기를 희망하고, 홍익대학 신문新聞학과에 다니고 있습니다."라고 자신을 소개하며 인사를 드렸다.

선생은 따뜻하게 맞아 주면서 "좋은 작품을 많이 읽고 열심히 쓰라."고 일러주셨다. 아마도 내가 글을 쓰게 된 것도 이때 싹을 틔운 게 아닌가 싶다. 그 후에도 명동에 들를 때 두어 번 찾아뵙긴 했지만 그게 전부였다. 직장(체신부) 생활하면서 학교 다니기에 바빠, 동분서주하던 때라 명동에 들르지 못했다. 그러던 어느 날 선생은 69세로 세상을 떠났다. 1963년 6월 3일이었다.

평생을 외롭게 사셨지만, 시인의 저 세상 가는 길은 쓸쓸하지 않았다. 그때 태평로 국회의사당 앞 장례식엔 문인과 승려, 학생과 시민이 몰려와 함께 눈물을 흘리며 그의 떠남을 서러워했다. 조기弔旗를 들고 공초의 초상화를 앞세운 영구차를 따르는 시민들이 가족을 대신하여 눈물을 흘렸다. 공초의 제자는 아니었지만, 평생 오상순 선생을 스승으로 모시며 따랐던 구상具常(1919~2004) 시인이 박정희 국

가재건최고회의 의장에게 부탁하여, 북한산 순국선열 묘역 한쪽에 음택陰宅을 잡은 곳이 지금 찾아가는 묘소라고 한다.

혜화여고 북쪽에 있는 굴다리를 건너서 300m쯤 올라가니 <공초 선생의 묘소> 가는 길이란 이정표가 보인다. 저만치 왼쪽 둔덕, 철책 안에 모셔져 있다. 묘비는 특이한 정사각형 화강암이다. 화가 박고석朴古石(1917~2002)이 공초의 '안빈낙도의 삶'에 어울려야 한다며 제안해, 서예가 김응현金應顯(1927~2001)이 한글 예서체로 선생의 시, '방랑의 마음' 앞부분을 새겼다.

흐름 위에
보금자리 친
오- 흐름 위에
보금자리 친
나의 魂….

묘비 뒷면에 새겨진 글은 그의 삶처럼 단순하다.

"폐허지廢墟誌 동인으로 신문학 운동에 선구가 되다. 평생을 독신으로 방랑하며 살다. 몹시 담배를 사랑하다. 유시집遺詩集 한 권이 남다."

이 유시집은 38편의 시를 수록한 '공초 오상순 시집'(1963)이다. 그 한 권의 책도 선생이 돌아가신 후에 동료와 그의 제자 문인들이 출간했다고 한다. 그런데 변변찮은 글로, 미숙한 습작으로 책 여러 권을 발간한 나는 선생 앞에 부끄럽다. 선생처럼 안으로 영글지 못하고 밖으로 드러내기에 급급한 자신이 아닌가. 남에게 보여주기 위해서가 아닌가? 선생과 달리 나의 호, '서운瑞雲(상서로운 구름)'에 걸맞지 않은 삶을 산다.

일행과 같이 묘소를 한 바퀴 돌고 묘비 앞에 모여서자, 사무총장이 마이크를 잡는다. "일동 차려, 고인에 대한 묵념"으로 예를 올린다. 그런 다음 10분간 자유시간이 주어진다.

나는 그대로 봉분 앞에 서서 자신의 삶을 생각한다. 좀 더 가지려고 집착하는, '영적인 버팀목' 하나 없는, 자신의 호에 걸맞지 않은, 내 안에 내가 없는 삶을. 봉분에 얼굴 든 잔디가 내리는 햇살에 유난히 빛난다.

겨울 가로수

겨울은 나만 추운 게 아니다. 한데에서 겨울을 앓는 가로수는 울고 있다.

두꺼운 파카를 입고 아침 산책을 나선다. 여의도 63길에 들어서니 가로수 가지가 다 잘렸다. 길가에 시신처럼 수북이 쌓였다. 회화나무·느티나무·은행나무·버즘나무 가지였다. 팔뚝만 한 가지가 잘린 자국마다 송진 같은 피멍이 들었다. 일이 년, 또는 삼사 년 동안 자란 가지를 몽땅 잘라버렸다. 관계 당국에서 수형이나 병충해 등을 고려하여 가지치기를 했겠지만, 날마다 그 밑을 지나다니며 눈짓을 주고받던 가지였으니 서운하고 안타깝다.

잘린 가지, 봄이면 잎을 피워 생기를 돋게 하던 그 가지. 여름 햇볕이 내리쬐면 시원한 그늘을 드리웠다. 가을이면 울긋불긋 물든 단풍이 고왔다. '나도 저물녘에 저래야 할 텐데'라며 일상을 뒤돌아보게 했다. 지난 크리스마스 때였다. 나뭇가지마다 눈이 쌓여 목화木花처럼 피어 있었다. 사진을 여러 장 찍어, 내가 사는 주위의 설경을 자랑하듯 외지外地 애들에게 보내줬다.

그뿐만이 아니다. 반기던 몸짓이 보이지 않는다. 며칠 전 동창 모임에 나갔다가 밤늦게 돌아올 때였다. 밝은 달밤이었다. 그 달빛에 도톰한 잎망울이 보였다. 머지않아 파란 잎을 피울 것이라며 그날을 기대했는데…. 가로수 몸체만 덩그러니 남았다. 바람 불 때면 살랑살랑 흔들어주던 그 손짓을 볼 수 없게 됐다. 한강 바람이 더 차게 느껴진다.

잘린 가지는 오죽하겠는가. 이 혹한에 제 맨살이 동강 났는데 얼마나 아리고 원통할까. 열심히 살아온 보람도 보지 못한 채 모체를 떠났으니. 지난봄부터, 아니 여기에 뿌린 내린 그 날부터 단단한 콘크리트 바닥에서 물을 끌어올려, 잎 피워 광합성 작용을 하며 꽃도 피웠다. 모체에 에너지를 대어 주고 몸을 불렸다. 숨 막히는 도로변에서.

밤낮 매운 배기가스를 들이마셨다. 아침마다 물차가 지나가며 일으킨 탁한 먼지를 삼켜가며 지나다니는 모두에게 산소를 공급해주었다. 한데 감사하기는커녕 날벼락을 맞았다. 어찌 분하지 않을까. 아프지 않을까? 이따금 날아와 쉬어가던 까치들도 아쉬워하듯 몰려와 깍깍거린다. 곡소리로 들린다. 저렇게 많은 가지를, 애써 키운 굵은 가지를 뭉텅 자르지 않을 방안은 없었을까?

애초 나무를 심을 때 가로수 식재기준에 따라 나무와 나무의 간격(6~7m)을 충분히 띄워야 하지 않았나 싶다. 3~4m 간격은 나무의 어린 시절을 기준으로 한 게 아니었을까? 고향이 그리울 나무다. 산이나 들에서 이웃 나무와 눈 맞춤해가며 자유롭게 가지 뻗던 나무였다.

어느 날 제 의지와는 상관없이 낯선 이곳으로 실려 와, 이제 겨우 자리 잡아 몸집이 불어나니 가지를 자른 것이다. 차에 받힌다는, 옆 나무에 걸친다는, 중지中枝 세지細枝가 많아 보기가 좋지 않다는 게 이유가 아니었을까? 살아가는 동안 '앞으로 얼마나 더 잘려나가야 할지' 내게 묻는 듯, 하소연하는 듯하다.

하지만 도와줄 힘이 내게 없으니 그저 안타까울 따름이다. 손 흔들어 반겨주던 나뭇가지 자리는 휑하니 비어 있다. 잘린 상처에 눈이 내린다. 어머니 나무의 눈물인 듯 껍질 곳곳이 물기에 젖었다. 쳐다보는 나도 가슴이 찡하다. 쓰리다.

어서어서 날이 풀려 잎이라도 활짝 피면, 아픔이 좀 가라앉을는지.

여의도에 동틀 때면

새벽 다섯 시, 동틀 때다. 잠자리에서 벌떡 일어난다. 습관화됐다. 글 쓰면서부터였다.

2008년 늦가을 어느 날, 글감 하나를 생각하다가 밤잠을 설쳤다. 머리가 무거웠다. 눈을 비비면서 아파트 놀이터에 나갔다. 꾸부정한 할머니가 지팡이를 짚고 놀이터 주위(300m)를 돌고 있었다. 한 바퀴 돌 때마다 통나무 의자에 주판알만 한 돌 하나를 올려놓았다. 돌 5개가 놓일 때까지 힘겹게 도는 할머니의 모습을 보면서 내 삶을 되돌아보는 글 한 편을 썼다. '돌 하나 돌 둘'이었다. 그 수필로 제9회 시흥문학상을 받았다.

그로부터 동틀 때면 잠을 깬다. 산책 복장으로 문을 나선다. 63빌딩 옆, 올림픽 도로 쪽 돌계단을 내려선다. 샛강공원 들머리다. 한강물도 샛강 지류支流로 갈라서기 섭섭한지 밥 김 같은 안개를 피워 올린다. 그 물길 따라 서西로 걷는다.

맑은 공기가 품 안 가득 안긴다. 갈대가 꾸벅한다. 마치 인사하는 듯하여 나도 꾸벅한다. 잠 깬 벌레들도 찍찍거린다. 물오리도 힘찬 날갯짓하며 물살을 가른다. 연못 위 나무다리에 선다. 축 늘어진 가지들에 물 끌어 올리는 버드나무 줄기가 숨이 차다. 마디 숨결마다 거품을 품어댄다. '당신은 이 아침 무얼 하고 있느냐'고 묻는 듯하다. 스스로 답한다. 갈대를 관찰하고 있습니다. 쓰고 있는 '묵은 갈대'란 글을 고쳐가고 있습니다.

풀밭에 시선이 간다. 여러 생명이 시나브로 제 얼굴을 드러낸다. 밑바닥을 기면서도, 어느 누가 봐주지 않아도 제 모습을 뽐낸다. 제비 올 때 핀다는 보라색 제비꽃, 좁쌀 같은 흰 꽃을 다닥다닥 피운 냉이, 거친 땅을 뚫고 둥근 얼굴을 드러낸 민들레, 피멍 같은 검붉은 속살을 가진 할미꽃, 황금 술잔 같은 모양의 복수초, 그리고 각가지 잡풀의 파릇한 새싹을 내려다보며 생각한다. '내 글의 싹도 여기에 있음 직한데－. 냉이는 너무 평범할까, 할미꽃은 어떨까…….

여의못과 버들숲을 지나 여의도공원에 들어선다. 자연생태 숲길이다. 하늘 높이 자란 소나무 60여 그루가 나를 내려다본다. 아침마다 찾아줘서 고마워하는 듯하다. 큰 숨 몰아쉬며 솔 향을 들이마신다. 쌓인 스트레스를 내뿜는다. 쓰고 있는 '소나무'란 글을 되뇌며 보완할 데를 찾는다.

산책길 둔덕에 친숙한 나무가 줄 서 있다. 향나무 · 참나무 · 감나무 · 살구나무 등 내 고향永川에서 보던 나무다. 어제보다 더 자란 가지들을 바라본다. 나는 얼마나 더 자랐을까. 내 글은 좀 더 다듬어졌을까?

문화의 마당이다. 너른 광장을 싱싱 달리는 젊은이들. 인라인스케이트를 타는 이가 줄을 잇는다. 광장 주위를 빙빙 돌면서 질주하는 그들의 씩씩한 모습이, 이 아침의 활기를 더해준다. 내 발걸음을 재촉한다. 스펀지처럼 폭신한 아스콘 길을 속보로 걷는다.

전통 숲길을 지나 지하보도를 빠져나온다. 한강이 보인다. 축제 1번지, 여의도 한강공원이다. 푸른 밤섬이 시선을 끈다. 청둥오리 떼가 날갯짓하며 그 섬의 주위를 돈다. 피아노 건반을 치듯 출렁이는, 인공 물길따라 동東으로 걷는다.

유람선이 시험 운전을 하는지 강바람을 가른다. 너른 잔디밭에서 맨손 체조하는 사람들, 신선한 아침 공기 마시며 자전거 페달을 힘껏 밟는 사람들, 땀 흘리며 달리는 마라토너, 그리고 붉은 장밋빛 햇살 내리는 한강교 저 너머를 바라보며 걷는 사람들……. 공원 곳곳에 하루를 시작하는 활기가 넘친다. 나도 양손을 불끈 쥐며 하루의 얼개를 짠다.

샛강 생태공원 · 여의도공원 · 한강공원에 동트고 해 돋는 무렵의 아침 풍경을 봤다. 10km 공원길을 걸으며 아침을 맞는 동식물을 보고, 그들의 말에 귀를 기울였다. 속내를 살폈다. 나의 하루를 그렸다. 글 쓰며 다듬으며 때론 글감을 줍곤 했다. 덤으로 건강도 챙기고 스트레스도 덜어냈다.

그래선지 동틀 때면 여의도의 세 공원이 눈에 선하다.

5부
디퓨져의 향기

물 올리는 소리

나무는 날마다 일기를 쓴다. 삶을 무늬로 그린다. 쉼 없이 하루하루를 뉘우치는 삶이라서 그럴까. 봄이면 더 바쁜 나날을 산다.

도봉산 오르는 길, 철쭉이 한창이다. 탐스러운 꽃길을 걷는데 개천가 버드나무에 시선이 간다. 흐르는 물에 가지 끝을 내려뜨린 채 줄기 마디에 거품이 인다. 비누 거품 같은 작은 방울을 품어댄다. '풋풋' 하는 소리가 들려오는 듯하다. 물 올리는 데 무척 힘이 드나 보다.

그렇다. 내 심장이 펄떡펄떡 뛰면서 피를 품어내듯이 나무는 땅속 물을 끌어올린다. 그 물은 수액樹液이 된다. 피가 된다. 나무 가지가지에, 높이 솟은 우듬지에 물을 끌어올리는 힘은 어디에서 나올까? 달팽이 박사, 권오길 교수의 이론은 이러하다.

뿌리에 생기는 수압에 밀려 올라가는 근압根壓, 물이 잎의 기공에서 증산蒸散한 만큼 물관부에 압력차壓力差가 생겨 물이 딸려 올라가는 음압陰壓, 액체가 유리관 같은 매우 좁은 공간의 벽을 따라 올라가는 모세관 현상, 그리고 물관부의 물 분자들이 수소와 결합하여 서로 잡아당기는 응집장력凝集張力이 각각 한몫씩 하여 물을 끌어올린다.

이처럼 나무는 내 몸의 심장처럼 끊임없이 일한다. 봄에는 더 바쁘다. 숨 가쁜 나날이다. 잎과 꽃을 피우기 위해서다. 비단 버드나무만이 아니다. 길가에 우뚝 솟은 소나무도 마디에 작은 거품같은 송진을 품어댄다. 힘에 부쳐 쏟아내는 목숨의 진액津液이지 싶다. 그 덕에 수많은 바늘 잎이 진초록 색깔로 건강해 보인다. 저만치 보이는 느티나무도 예외가 아니다.

광륜사光輪寺 입구에 선 이백마흔다섯 살 느티나무는 다섯 개의 아름드리 가지를 뻗은 건장한 몸집이다. 수고樹高 17m까지, 내 키의 열 배 높이까지 물을 끌어올린다. 줄기 군데군데에 눈물 같은 물기가 비친다. 신목神木이라서 그럴까. 물 올리는 소리를 안으로 품는다. 하지만 물 올리는 소리가 내 귓전에 들려오는 듯하다. 맑은 피가 잘 돌아야 오래 산다더니 저 느티나무가 그렇지 싶다.

나무는 땅속의 맑은 물을 온 힘으로 응집장력 하여 위로 올린다. 그 수액의 양분으로 잎이 광합성 작용을 하여 가지 뻗고 고운 꽃을 피운다. 튼실한 열매를 맺는다. 제 할 일에 때 놓치지 않고 열심히 사는 나무, '봄의 하루가 가을날 열흘 맞잡이'란 속담을 일찍 안 나무다. 나이 들었다고 봄날을 한가하게 살지 않는다. 늘 바쁘다.

나도 그런가? 아니다! 봄이라고 지난 동면의 겨울과 다른 게 없다.

직장에서 퇴직한 게 마치 '인생 과업'을 마친 것처럼 태평스러운 나날이다. 흐르는 시간에, 물에 그냥 떠내려가는 낙엽이 아닌가. 오늘같이 꽃구경이나 다니는 나날이 아닌가. 나무의 물 올리는 소리를 의식하지 못하고 살아가는 나날이 아닌가?

이 봄, 버드나무 · 소나무 · 느티나무 등의 나무가 바쁘다. 피부에 물기가 돈다. 가쁜 숨결 소리, '풋풋' 하는 거품이 인다. 그렇게 나무는 숨찬 삶을 산다. 오늘도 제 삶의 무늬를 그리며 하루를 열흘처럼 산다. 자책 때문인지 도봉산 길 내내 '풋풋' 하는, 나무의 물 올리는 소리가 환청처럼 들린다.

관곡지 연꽃

아침마다 환한 연蓮 얼굴을 바라본다. 인연이지 싶다. 출근하듯 찾는 농장 들머리에 연밭이 있으니.

여느 아침처럼 버스정류장에 내린다. 시흥시 월미마을이다. 끝없이 넓은 연밭에 초록 물결이 인다. 그 물결 사이사이에 연분홍 하얀 꽃들이 솟아 있다. 진흙탕에서 맑고 고운 꽃을 피워 은은한 향기를 피운다. 우리나라 연꽃 태생지, 관곡지官谷池다.

조선 시대 세조 9년(1463), 문신이며 농학사였던 강희맹姜希孟이 진헌부사進獻副使로 명나라에 갔다가 돌아올 때, 난징南京에서 가져온 연 씨를 여기에 뿌렸다. 그로부터 542년이 지난, 2005년에 시흥시가 이곳에 연꽃 테마파크를 만들었다. 6만여 평의 논에 그 연의 후손이 꽃을 피웠다. 20여 종의 연과 80여 종의 수련으로 종족이 늘어났다.

해마다 7~8월에 연꽃축제를 연다. 그 기간 중이라서 그런지 손님 맞이하듯 꽃대를 흔든다. 개구리도 개굴개굴~, 털매미도 찌찌~ 한다.

군데군데 두루미가 제 고향을 그리듯 고개를 죽 뻗고 먼 산을 바라본다. 그 장면을 촬영하려는 사진작가가 우르르 몰려다닌다.

이맘땐 사진작가뿐만 아니라 관광객이 줄을 잇는다. 원조 연꽃을 보기 위해서다. 아랫가지에 꽃을 달지 않는다. 줄기 맨 위에 꽃대 하나를 가만히 올려 꽃 한 송이만 피운다. 수줍어하는 모습이다. 다른 꽃처럼 벌과 나비를 부르고자 진한 색깔(적색, 황색)로 꽃피우지도 않는다. 연분홍, 아니면 하얀 꽃을 슬며시 피운다. 다닥다닥 붙어서 피지 않는다. 경쟁하듯 우르르 제 모습을 드러내지 않는다. 온종일 피어 있지 않는다. 해 뜰 때 이슬 머금고 피었다가 햇볕에 물기가 마르면 스스로 제 꽃잎을 오므린다. 그런 '절제와 겸손'으로 꽃이 더 곱고 귀해 보인다.

진흙 속에 살지만, 그 흙물에 물들지 않는다. 뿌리내린 시궁창 썩은 물 냄새를 제 꽃향기로 바꾼다. 이와 같은 사람을 '연꽃의 이제염오離諸染汚* 특성을 닮았다'고 한다.

중국 송나라 유학자 주돈이周敦頤(1017~1073)는 <애련설愛蓮說>에서 '연꽃의 덕'을 찬양하였다. "……진흙에서 나왔으나 더러움에 물들지 않고 맑은 물결에 씻기어도 요염하지 않다. 줄기 속은 비고 겉은 곧으며 덩굴 뻗지 않고 가지도 치지 않는다. 향기는 멀리 갈수록 더욱 맑아지며 꼿꼿이 깨끗하게 서 있어, 멀리서 바라볼 수는 있어도 가까이서 만만하게 다룰 수 없음을 사랑한다. 꽃 중에 군자다운 꽃이다."

불교에서는 속세에 물들지 않는 연꽃이라 하여 극락세계를 상징하는 꽃으로 대우한다. 부처님이 앉는 자리를 연꽃 모양으로 수놓는다. 연화좌蓮花座라 부른다. 부처님 오신 날엔 불자들이 절 주변의 거리에 연화등을 밝힌다. 유교에서도 연꽃을 순결과 세속을 초월한 상징으로 여긴다. 민간에선 씨앗을 많이 품는 연꽃을 다산多産의 징표로 삼는다. 여인 옷에 연꽃 모양을 새겨 넣으면 아들을 연이어 얻는다는 구복求福의 상징이다.

꽃만이 아니다. 잎도 진초록 색깔로 청정하다. 땅속줄기에서 나온 잎자루가 큰 대접(지름 40cm) 같은 잎을 단다. 아침마다 이슬 한 대접을 제 몸의 기름기 잔털로 방울지게 한다. 그 성찬의 물방울을 하늘 향해 떠받치고 새벽마다 기도한다. '고운 꽃피워 튼실한 열매 달게 해 주십시오.'라고. 지극정성을 들인다. 다른 식물의 잎처럼 그 이슬을 제 몸에 흡수하지 않는다. 갈증을 절제한다. 바람따라 잎이 기울면 그제야 물방울을 '또르르' 굴러가게 한다. 심성 고운 잎이다.

뿌리는 물속에서 원뿔꼴로 뻗는다. 마디가 많다. 봄여름 동안 옆으로 뻗으며 알뿌리를 굵게 한다. 그 뿌리는 우리네 먹을거리가 된다. 이처럼 연은 지상에 꽃피워 열매 달고 지하엔 연근 키운다. 탁한 물속에서 뿌리를 살찌운다. 성실한 삶이요, 성숙한 삶이다. 이 여름에 나는 무슨 잎과 꽃을 피우고 있을까. 쓰임새는 있는 걸까?

연꽃은 여름내 고운 모습을 보여주고, 한 시절 지나면 약재로 식재로 쓰인다. 인간의 아픔을 치유해주고, 배고픔을 달래준다. 열매는 신체허약 · 위장염 · 불면에, 잎은 수종水腫 · 토혈 · 빈혈에, 뿌리蓮根는 지사제나 건위제 증상에 치료제로 쓰인다. 연근은 음식재료로, 잎은 차와 빵 재료로 이용한다.

잎 · 뿌리 · 꽃 등 하나 버릴 게 없다. 그처럼 쓸모가 많은 데다 진흙탕에서 고운 잎과 꽃을 피운 역경의 승자다. 제 고운 심성처럼 잎과 꽃 모양이 둥글다. 모나지 않는, 원만한 그 연꽃의 삶을 어찌 닮고 싶지 않을까.

관곡지가, 연꽃 시원지始原地가 내 농장 길목에 있는 게 우연이 아니다. 혼탁한 세상에 곧게 깨끗하게 살라는 가르침일 것이다. 연꽃처럼 곱게 피되, 장미의 붉디붉은, 금계국의 샛노란 색깔로 남(벌과 나비)을 현혹하지 말라는 '겸손과 절제'의 교시敎示일 것이다. 잎도 꽃도 둥근 연꽃을 보며 모난 내 성격을, 심성을 다듬으라는 하늘의 뜻일 거다. 그래선지 이 여름 아침마다 연꽃 앞에 선다. 꽃의 요모조모를 뜯어본다.

언제쯤 연꽃을 조금씩 닮아갈는지, 그날이 기다려진다.

* **이제염오**離諸染汚 : 명나라에서 전해오는 연꽃의 10가지 덕성 중 하나다. 진흙탕에서 자라지만 진흙에 물들지 않는다. 주변의 부조리와 환경에 물들지 않고 고고하게 자라서 아름답게 꽃피우는 사람을 연꽃같이 사는 사람이라고 한다.

호박잎 쌈밥

시골 태생이라 그럴까. 쌈밥은 다 좋아한다. 그중에서도 호박잎 쌈밥은 여름을 기다리게 하는 별식이다.

어릴 적부터 입맛을 들였다. 삼복더위 어느 날, 모깃불을 피워놓고 앉은 멍석에 호박잎 밥상을 차려주셨다. 어머니의 짭짜름한 쌈장용 된장찌개가 구미를 당겼다. 손수 담근 강된장에 멸치 · 파 · 마늘과 깨소금을 넣고 보글보글 묽게 끓인 그 쌈장 맛을 지금도 잊을 수 없다.

어머니는 밭두렁에 나가 호박 줄기 끝 부분에 달린 여린 호박잎을 뜯으셨다. 호박잎의 까칠한 껍질과 솜털을 벗겨, 손질한 그 잎을 물에 깨끗이 씻으셨다. 가마솥 밥 위에 얹어 살짝 쪄서 식감을 살리셨다. 찐 다음 사기 쟁반에 큰 잎과 작은 잎을 구분해 담아 상에 올려주셨다.

손바닥 위에 큰 잎 하나와 작은 잎 하나를 깔아 밥 한술에 쌈장

반 숟가락 정도 얹어 싸 먹는다. 부드럽게 씹히는 그 맛이 일미다. 씹을수록 구수한 맛이 입안에 퍼진다. 푸른 호박잎의 신선감이 입맛을 당긴다.

어머니는 해마다 여름부터 초가을까지 여러 차례 그 쌈밥 상床을 차려주셨다. 그 덕에 호박잎 맛의 인이 배었다. 여름만 되면 열무김치를 곁들인 호박잎 쌈밥을 먹었다.

그런데 참 이상한 일. 그 시절과 달리 이제 쌈 채소 종류가 많아졌다. 전통적인 상추를 비롯하여 치커리 · 신선초 · 적근대 · 쑥갓 등 다양한데 왜 하필 호박잎 쌈밥을 즐길까. 고향 냄새 풍기는 가장 서민적이고, 집 근처 공지空地 어디에서나 손쉽게 키울 수 있는 넝쿨 채소라서 그럴지 모른다.

대량 판매용 계획재배가 아닌 한, 제 몫으로 뿌리내릴 땅 한 평도 주지 않는다. 논밭의 비탈진 곳, 길섶, 아니면 돌담 아래 척박한 공터에 심는다. 제 영역이 없으니 땅바닥을 기며 잡초와 더불어 산다. 줄기가 뻗다가 몸 기댈 데를 찾으면 덩굴손으로 칭칭 감아 위로 뻗는다. 하지만 기댈 데도 뻗을 공지도 없을 때는 길바닥으로 나온다. 발에 밟히고 차에 치이며 8m까지 뻗어 나간다. 집요하고 강인한 성장력이 줄기 마디마다 호박잎을 돋운다.

땅만 주지 않는 게 아니다. 다른 채소처럼 물과 비료도 잘 주지 않는다. 비아냥대기까지 한다. '호박꽃도 꽃이냐'라며. 그러면서도 한두 번도 아니고 여러 번 잎과 열매를 잘라 간다. 어린 애호박, 연한 잎, 그리고 주황색으로 익어가는 늙은 호박까지. 그러고 보니 나도 염치없는 그중 한 사람이다. 의붓자식처럼 씨만 뿌려놓고 돌봐주지 않으면서 애써 키운 잎과 열매를 따가는 데 호박인들 왜 할 말이 없겠는가. 내 귀에 설움 받는 호박의 아픈 절규가 들려오는 듯하다. 그래선지 마음을 다잡는다. '내년엔 밭 한 고랑에 호박만 심어주리라'고.

버려진 공지에서 자랐지만, 제맛을 잃지 않는다. 순정純正한 맛이다. 갖가지 조미료로 조리된 도시 음식에 익숙해진 내게 '호박잎 쌈밥'은 신선하다. 다른 맛이나 향이 섞이지 않는 옛맛 그대로의 맛이다. 여름철 우리 집 마당의 향수를 자아낼 만한 맛과 향을 가지고 있다.

그래설까. 세월 따라 잊히는 게 한둘이 아니지만, 호박잎 쌈밥만은 기억에서 사라지지 않는다. 아니, 내가 날로 더 가까이 쌈밥에 다가간다. 서울 사는 세 여동생의 덕이지 싶다. 어머니의 쌈장용 된장 맛을 이어받은 여동생이 여름만 되면 쌈밥 먹는 날을 정해 알려준다. 은근히 기다려지는, 고향 그리기 '쌈밥 날'이다.

맛도 맛이려니와 호박잎 밥상 앞에 앉으면 고향이 떠오른다. 마구간 두엄 냄새가 풍기기도 하고, 뎅그렁뎅그렁 농우의 워낭소리가 들려오기도 하고, 마을 앞 무학산舞鶴山(440m)의 산 그늘이 우리 논에 드리워진 그림 같은 광경을 보기도 한다. 소박한 시골 밥상이라서 그럴까. 형제들이 모여 쌈밥을 먹으면서 같은 입맛을 가졌다는 일체감을 느낀다. 돈독한 정도 쌓인다. 우리 집안 여름 별식 중 호박잎 쌈밥이 으뜸인 까닭이다.

어릴 적 식량이 부족할 때는 구황식품救荒食品으로, 이제는 건강식품으로 제 명맥을 이어간다. 호박잎은 섬유질이 많아 변비 예방과 다이어트에도 도움이 된다. 비타민 C가 풍부해 산화물질을 제거하고 눈의 피로를 풀어주는 효과가 있다. 호박잎 덕에 애호박도 즐겨 먹는다. 먹을 때마다 어머니와 고향을 그린다. 일거삼사득인 셈이다.

올해 시흥 채소밭 끝자락에도 여러 호박 줄기가 씽씽하게 뻗었다. 하늘 향해 얼굴 든 연한 호박잎을 뜯는다. 오늘 저녁에도 호박잎 쌈밥을 입속 가득 넣고 씹어야겠다. 추억도 자근자근 씹어야겠다.

뚱딴지

오랜만에 상추를 뜯고자 밭에 들른다. 밭고랑에 들어서던 아내가 반기며 말한다.

"우리 밭에 뚱딴지가 있네요!"

"그게 뚱딴지(돼지감자)요?"

"요즘 비싸게 팔려요."

인터넷에서 검색해보니 뚱딴지의 신상 기록은 이러하다.

> 국화과 해바라기 속屬의 여러해살이 풀. 생약명으로 국우菊芋라고 한다. 북아메리카 원산으로 줄기는 1.5~2m 높이다. 땅속줄기는 감자 모양으로 가장자리에 톱니가 있다. 8~9월에 노란 꽃이 핀다. 덩이줄기는 이눌린inulin* 성분이 들어 있어 알코올의 원료로 쓰며 연하고 단맛이 있어 먹기도 하고 사료로도 쓴다.

돼지감자는 17세기 이후 우리나라에 들어와 '뚱딴지'란 별명을 얻었다. 덩이 진 땅속뿌리가 마치 생강처럼 생겼다. 울퉁불퉁하게 제멋

대로 생겼다고 하여 붙여진 이름이다. 어느 것 하나, 같은 모양이 아니다. 동그랗게 생긴 것, 돼지 염통처럼 삐딱하게 생긴 것, 바위처럼 생긴 것, 납작하게 생긴 것 등 제각각 모양이 다르다.

'뚱딴지'는 돼지감자만의 별명이 아니다. 사람도 '뚱딴지'로 불리는 이가 있다. 생김새나 성품이 모나고 우둔하며 무뚝뚝한 사람을 가리켜 '뚱딴지'라고 한다. 또한, 상황이나 이치에 맞지 않게 엉뚱한 행동이나 말을 하는 사람을 '뚱딴지' 같은 사람이라고 비웃기도 한다. 나도 무뚝뚝하고 상황이나 이치에 맞지 않게 행동할 때가 더러 있는데….

다 얕잡아보는 놀림조의 별명이다. 돼지감자 '뚱딴지'는 '돈 단지'가 되어 간다. 모양은 볼품없지만, 성분이 뛰어나 건강식품으로 알려졌다. 감자가격의 두 배(5kg당 21,000원)가 넘는 시가다. 못생겨도 값이 올라가는 '뚱딴지'다.

다당류多糖類인 이눌린 성분이 15~20%가량 들어 있는 뚱딴지. 식물 중 가장 많은 이눌린 성분이다. 이 과당은 당뇨병, 약물중독, 알코올중독 등의 주사제로 쓰인다. '천연 인슐린' 식품으로 평가받고 있다. 혈당 조절에도 도움을 준다.

이에 더하여 단백질, 나트륨, 칼륨, 미네랄, 비타민, 사포닌 등이 든 영양덩이다. 특히 이눌린은 인슐린의 역할을 하여 피곤한 췌장을 쉬게 할 수 있을 뿐 아니라 당뇨병 치료제로 소문이 났다.

외래종이라서 그럴까. 외국에서 먼저 효능이 밝혀졌다. 세계에서 유일하게 당뇨병 환자를 찾기 어려운 이스라엘의 예루살렘 사람들은 조상 대대로 '예루살렘프라워'라며 '뚱딴지' 꽃의 뿌리 열매를 당뇨병 특효 식품으로 상용한다. 이눌린은 췌장의 기능을 회복시키는 신비의 효소로 알고 있다.

일본에선 10여 년 전부터 나카야마 선생에 의해 '이눌린엑기스 음료'와 '이눌린맥스'가 개발된 후, 당뇨 환자의 입에서 입으로 그 효능이 알려지면서 40만 명이 넘는 환자가 복용하고 있단다. 나카야마 선생은 "당뇨 환자 중 평균 2~3개월간 꾸준히 복용한 사람은 췌장의 인슐린 활동이 활발하고 혈당치가 정상으로 돌아온다"고 한다.

이런 효능이 국내외로 전파돼 '뚱딴지'의 수요를 확산시키고 있다. 돼지 사료로 똥과 흙이 범벅된 우리에 던져주던 '뚱딴지'가 이제 인간의 약제로 먹을거리로 귀한 존재가 됐다. 수요가 딸릴 뿐 아니라 산자락에 나기 바쁘게 사람들이 캐간단다. 뚱딴지만이 아니라 머루 · 산딸기 · 도토리도 익기 바쁘게 사람들이 따가는 열매다. 산에 사는 동물의 먹이가 줄어져 가는 이유이다. 뚱딴지는 인간의 골절 · 열성병熱性病 · 당뇨병과 다이어트에도 효능이 있어 날로 소비가 늘어나는 추세다.

나도 밭에서 한 뿌리를 캐 먹어본다. 달착지근한 맛에 사근사근 씹힌다. 배처럼 즙이 많아 시원한 맛이다. 하지만 내가 돼지의 먹이를 빼앗아 먹는 것 같은 자책감이 든다. 몸에 좋다는 뿌리와 열매를 인간이 선취先取하면, 산야에 사는 동물의 먹을거리는 날로 줄어들기 마련이다. 뿌려대는 농약에 푸른 잎이 말라가고 뿌리와 열매는 인간이 가져간다. 먹을 게 없는 산짐승이 농가에 내려올 수밖에 없는 까닭이다.

환골탈태한 '뚱딴지'다. 돼지 먹이로 진흙탕 속에 던져지던 사료가 이제 우리의 밥상에 오른다. 생뿌리를 깎아 날로 먹거나 즙으로 만들어 마신다. 고기볶음, 우엉 졸임에 들어간다. 그뿐만 아니라 돼지감자 튀김, 샐러드, 수프, 장아찌 등으로 독자적인 메뉴의 식품으로 부상하고 있다. 굽은 소나무가 산소를 지킨다더니 못생긴 '뚱딴지'가 건강을 지킨다.

그래선지 그의 수요만큼이나 '뚱딴지'란 말이 널리 쓰인다. 국립국어원에선 그 말을 '돼지감자'와 같이 표준말로 인정해 표준국어대사전에 올렸다. 머지않아 '돼지감자'의 '돼지'란 본래의 제 성을 잃게 될 것 같다. '뚱딴지'가 본명이 돼 간다.

어제까지만 해도 내가 잡초와 같이 뽑아버리던 '뚱딴지'를 오늘은 밭이랑에 옮겨심는다. 아내의 바람이다. 밭에 들깨는 심지 못하더라도 '뚱딴지'를 한 이랑 심어달라고 한다.

나의 건강을 위해서라니 그렇게 할 수밖에. '뚱딴지' 꽃향기가 풍기면 산 돼지가 몰려올지는 모르지만, 어찌하겠는가. 췌장이 약해져서 통풍痛風으로 고생하는 내게 치료제로 '뚱딴지'가 좋다는 것을.

이렇듯 식용으로도 약용으로도 요긴한 뚱딴지, 흔함 속에 귀함이 숨어 있었으니 새삼 돋보인다. 아니 부럽다. 아내도 좋아하니 내년에는 두 이랑쯤 골을 내어 더 심어봐야겠다.

* **이눌린** inulin : 다당류의 하나. 무색의 고체로, 달리아, 뚱딴지, 우엉의 뿌리에 많이 들어 있다. 뜨거운 물에는 녹으나 알코올에는 녹지 않는다.

오늘은 가기만 한다

한 번 온 오늘은 다시 돌아오지 않는다. 가기만 한다.

가을이다. 많은 시간이 흘렀다. 얼추 2만 8천여 오늘이 지나간 인생 가을. 그토록 많은 오늘을 보내면서 나는 무엇을 했는가. 생각하면 부족한 자신이다. '이것'이라고 드러내놓을 만한, 나만의 꽃 한 송이 없다. 그냥 세월에 편승하여 남이 걷는 뒷길을 좇아 그들의 판박이다. 내 것이라고 특징지을 만한 게 없지 않은가. 다른 이가 터놓은 편한 길을 걸어온 탓이다. 이 가을의 하루가 현묵玄默의 시조처럼 또 기운다.

하루를 잘못 살고
한 달이 열두 번을

정녕 몰랐다네

부끄런 발자국을

돌아가 고칠 길 없는데
또 하루가 기우네

안일한 생각으로 살았다. 가을을, 내일을 설계하며 살지 않았다. 오늘 이 하루가 가면 다시 돌아오지 않는다는 당연한 이치를 의식하지 못한 나날이었다. 맞이하는 이 24시간이 오늘 하루의 전부란 것을 절감하지 못한 채, 그 귀한 시간을 아껴 쓰지 못했다. 오늘이 얼마나 남았는지 셈조차 하지 않고, 가면 또 오는 줄로만 알았는데 그게 아니었다.

세상 뜬 C를 문상하고 나오면서 이제 깨닫는다. 동갑내기 소꿉친구인 그가 급성 심장병으로 이승을 떠났다. 지난 10여 년간 약을 먹어가며 잘 견뎌왔는데 불볕더위에 쓰러져 의식을 잃었다고 한다. 전혀 예상치 못한 갑작스러운 그의 사망으로 떠오른 내 삶의 남은 시간. 앞으로 얼마나 많은 '나의 오늘'을 맞이할 수 있을까?

셈하니 영零이다. 남은 오늘이 없다. 우리나라 평균수명(남 77.6세)을 기준으로 하니 그렇다. 벌써 '오늘이 없다니!' 그 누가 흘러간 시간을 되돌릴 수 있으며, 가는 시간을 멈추게 할 수 있을까. 만물의 영장인 인간도 흐르는 세월을 붙들 수 없다. 그저 가기만 하는 자연의 순리다. 지금 내리쬐는 햇볕도 다시 오지 않는 오늘의 볕이다.

누구에게나 공평하게 주어진 하루. 그 시간을 잘 쓰지 못한 건 자신이다. 하지만 지난날을 어찌하겠는가. '서둘지 말자.' 어제까지 살아온 결과가 오늘의 나의 모습이며, 지금 이 시간에 하는 일이 내일 나의 성적일 것이다. 하니, 일일여삼추一日如三秋로 여겨 더 열심히 살아야 하지 않겠는가. 남은 날이 없는 여분의 시간이기에, 오늘 하루를 더 소중히 여기며, 귀하게 아껴 써야 한다.

'시간이 금이다.'란 옛말이 맞다. 그 무엇보다 중요한 게 오늘 하루, 이 시간이다. 이 황금 시간에 무엇을 할 것인가. 살아오면서 신세 진 사람들에게 보은하는 마음으로, 같이 사는 가족에게 더 많은 사랑과 기쁨 주는 마음으로 하루하루를 가득 채워가야겠다. 그리고 짬짬이 좋은 글을 쓰며 오늘이 내 인생의 마지막이라고 여기면서, 개성 있는 더 촘촘한 하루로 살아가야겠다.

오늘은 가기만 하고, 다시 돌아오지 않기에.

감귤 담당

겨울 등산을 나설 때면 챙기는 게 있다. 아이젠과 감귤이다. 아이젠은 등산 백에 있는 걸 확인하면 되지만, 감귤은 신선하고 맛있는 것을 사다가 오늘 산행에 참가하는 인원을 손꼽아 보면서 가져갈 개수를 정한다.

그러기를 벌써 10여 년이 됐다. '야, 너' 하는 고교 동창, 그 등산모임에 감귤을 가져가는 즐거움이 있다. 은은히 풍기는 감미로운 향기, 하나씩 나눠주면 누구나 반기는 과일이기 때문이다. 또한, 자칭타칭自稱他稱으로 불리는 '감귤 담당'이란 멍에로 산행에 빠질 수 없는 처지가 된 것도 다행한 일이지 싶다.

감귤은 귤나무에 달린다. 작은 키 나무다. 높이 3~5m가량 자란다. 가지에 가시가 없다. 잎은 어긋나며 피침형이다. 가장자리에 물결 모양의 잔 톱니가 있다. 가지 끝의 짧은 꽃자루에 여러 개의 흰색 꽃이 모여 핀다. 향기가 있다. 동글납작한 열매는 3~4cm의 지름이다. 과육은 주황색으로 익는다. 겉껍질이 얇아 과육과 잘 떨어지는 특성이 있다. 껍질 표면이 매끈하고 광택이 난다. 개화기는 5~6월, 결실기는 10~12월로 우리나라 제주의 명산이다.

한 달에 한 번씩 가는 등산, 오늘은 관악산이다. 삼성산三聖山과 관악산을 잇는 계곡 따라 연주대를 향해 걷는다. 30여 분 걸으니 가파른 무너미고개다. 숨이 가빠 좀 쉬어 가고 싶다. 갈증도 난다. 눈치챈 총무가 평편한 장소를 찾아 동의를 구한다. “좀 쉬어갑시다.”

너나없이 반긴다. 누가 먼저랄 것 없이 자리 깔고 둘러앉아 준비해 온 먹을거리를 배낭에서 꺼낸다. 떡 · 부침개 · 음료 · 과자 등. 나는 으레 감귤을 남보다 먼저 꺼내서 하나씩 나눠준다. 손으로 노란 귤의 껍질을 벗기면 야들야들한 과육에서 단내가 난다. 마주 앉은 K 친구가 “감귤이 꿀맛이네!”라고 말을 꺼낸다. 모두가 공감하듯 나를 쳐다본다. 마치 내가 감귤 같은 사람인 양.

감귤만치 산행에 잘 어울리는 과일도 드물지 싶다. 신선하고 달짝지근한 맛도 맛이려니와 과육 즙이 많아 갈증을 해소해 준다. 사과나 배처럼 칼로 깎아야 하는 번거로움이 없다. 손으로 껍질만 벗기면 단맛이 구미를 돋운다. 스스로 깐 과육을 그대로 먹을 수 있다. 어쩌다 예상 인원수보다 참가자가 많을 때도 걱정하지 않는다. 귤 하나에 여러 개(10~12개) 과육이 조각 져 있어 두어 조각씩 나눠 먹으면 된다.

편리하다. 까먹기도 나눠 먹기도 좋은 과일. 값 또한 싸다. 속과 겉이 같은 색깔도 우연이 아닐 것이다. 표리부동表裏不同하지 않은 떳떳한 삶일 것이다. 이만한 과일이 또 있을까. 영양분이나 약효로도 여느 과일에 못지않다. 감귤엔 파인애플의 4배, 사과의 8배 이상의 비타민 C가 들었다. 몸의 신진대사를 촉진해 피로 회복 · 피부 미용 · 식욕 촉진에 도움이 된다. 감기를 예방해 주고 노폐물을 걸러주니 너나없이 즐기는 감귤이다. 닮고 싶은 과일이다.

비타민 P*를 섭취할 수 있는 몇 안 되는 식품 중 하나다. 과육에 붙은 하얀 식이섬유에 펙틴Pectin과 비타민 P의 성분이 많아 소화를 도와주고 위장병을 예방해 준다. 진피라고 일컫는 말린 감귤 껍질은 한방에 쓰인다. 구토나 기침을 진정시키고 위를 건강하게 하는 효능이 있다. 진피는 차茶로 끓여 먹기도 하고 입욕제로 쓰이기도 한다. 또한 플라보노이드Flavonoid(식물성 색소와 화합물) 성분드 다량 함유돼 항암 · 고지혈증 등의 예방으로도 활용한다. 장점 많은 감귤이다. 부러운 감귤이다.

산지에선 해마다 품질개량과 당도를 높여간다. 단맛에 단맛을 더해간다. 작년보다 올해가 맛이 더 좋은 감귤이다. 수입 오렌지보다 선호도가 높다. 오렌지는 한 달 이상의 운송 기간이 걸려 과육 비타민이 휘발된다. 그 때문에 영양분도, 신선도도 우리 감귤보다 떨어진다는 연구 결과다. 그래서 매년 60만 톤 내외의 안정적인 수확을 견지하는 우리의 감귤은 국민 건강증진에 이바지한다.

그런 감귤, 맛있고 효능이 많다. 남녀노소가 다 좋아한다. 걸으면서, 쉬면서 쉽게 까먹을 수 있다. 실속 많은 편리한 과일이다. 해마다 맛을 더해가는 신선한 신토불이 과일이다. 난 '감귤 담당'을 잘했다는 생각이 든다. 먹어서 건강하고, '담당'을 놓치지 않고자 산행에 개근하여 건강하다.

감귤 덕을 보는 나다. 산행에서만이 아닌 인생 여정에서도 '감귤 담당'을 하고 싶다. 삶의 맛이 달고, 겉과 속이 같고, 그리고 누구나 좋아하는 그런 내 인생의 '감귤 담당' 역役을.

* **비타민 P** : 감귤류 색소인 플라본Flavone류를 총칭하는 화합물. 비타민 C의 기능을 보강하여 모세혈관을 튼튼하게 하며 순환을 촉진하고 항균작용을 한다.

보자기

외풍이 생활을 편리하게 한 면도 있지만, 그 바람에 휩쓸려 제자리를 잃어가는 우리의 선구적인 디자인 제품이 있다. 한때 그것의 진가를 많은 사람에게 홍보해 놓고 스스로 다른 제품을 사용해 왔으니, 떳떳하지 못한 표리부동表裏不同한 자신이 아닌가?

지난 그믐날, 베란다 대청소를 하다가 잊었던 그 제품이 구름처럼 떠오른다. 빈 가방을 보면서다. 쇼핑백 · 손가방 · 등산백 · 트렁크 · 크고 작은 여행용 가방이 내 키 높이로 포개져 있다. 1년에, 아니 몇 년 만에 한두 번 쓸까 말까 하는 속 빈 가방이 벽돌처럼 쌓여 창밖 시야를 가린다. 어디로 치워야 할 것 같아서 궁리 끝에 시흥 농장 창고로 옮기고자 차에 싣는다.

농장 가는 동안 지난날의 그 제품, 보자기가 내게 슬쩍 귀띔해 주는 것 같은 상상想像에 젖는다. '흘러간 20여 년의 긴 세월 동안 저를 잊지 않고 더러 들고 다녔으면, 쇼핑백 · 책가방 · 노트북 가방 등이 이렇게 많이 쌓여 있지는 않았을 텐데…'라는.

한때 남달리 우리 보자기를 좋아하며 예찬했다. 일본 나고야무역관 근무 때였다. 그곳은 도요타 자동차를 비롯한 섬유 · 도자기 · 공작기계 등의 제조업 산지였다. 일본 정부는 전통적인 '우수한 물건 만들기(모노즈쿠리)'에 더하여 '상품 고급화 시책'의 하나로 1989년을 '디자인의 해'로 정했다.

세계디자인총회를 나고야 시에 유치하면서 세계디자인박람회(1989 7. 15~11. 26, 135일)도 함께 열기로 했다. <사람 꿈 디자인, 도시가 연주하는 심포니>가 주제였다.

마침 그해, 1989년이 나고야 시 탄생 백 년이었다. 세계디자인박람회가 100주년 기념행사가 됐다. 그 때문인지 다가요시 니시오西尾武喜 시장이 박람회 참가를 요청하였다. 본국에 건의하여 전시참가 방침을 굳혔다. 우리나라가 88서울올림픽을 유치할 때 최종 경쟁 도시가 나고야였기에 그 점도 참가를 검토하는 과정에서 긍정적으로 작용했다.

주제가 디자인이라 무엇을 전시할까? 이 분야 국내외 전문가들과 여러 번 협의하였다. 결과는 '보자기'였다. 우리나라 선대가 물건을 싸서 보관하거나 운반하는 데 가장 간편한 생활용품이면서, 아울러 예절과 격식을 갖추는 의례용으로 널리 사용해온 가정 필수품이었다. 용도와 사용 시기나 대상에 따라 천의 종류와 색상을 달리하던 게 디자인 감각이 싹튼 계기가 되었다. 그런 시도가 우리나라 디자인의 효시라고 하였다.

관람객의 시선을 끌고자 대한민국관 입구 벽면 전체에 전통 보자기를 펼쳐 놓는 전시장치를 하였다. 내부 전시관 부스Booth별로 각종 보자기 · 자수품 · 고려청자 · 나전칠기 · 하회탈 · 기타 우수 디자인 제품을 다양하게 전시하였다. 개별 참관객은 한복 입은 도우미가 안내했지만, 단체 관람객과 귀빈은 내가 직접 맞이했다.

우리 보자기 문화를 브리핑하면서 선대의 우수한 디자인 감각과 뛰어난 지혜를 설명했다. 세계디자인총회에 참가한 각국 대표에게 우리 디자인의 선구적인 역할을 알려줬다. 라디오와 티브이에도 여러 번 출연하여 우리나라 보자기의 화려한 색상과 다양한 실용성을 자랑했다.

전시한 민보民褓 · 궁보宮褓 · 홑보單褓 · 겹보複褓와 오방색(청, 홍, 황, 백, 흑)을 조화롭게 디자인한 운문보雲紋褓 · 용문보龍紋褓 · 화목문보花木紋褓 · 문자문보文字紋褓 등의 실물을 보여주며, 이러한 디자인 제품이 삼국시대부터 있었음을 홍보했다.

접으면 주머니에 들어가고 펼치면 스카프로, 머릿수건으로, 매는 끈으로, 자리 깔개로, 물건과 책을 싸는 보자기로 편리하고도 다양하게 사용할 수 있다. 그뿐만 아니라 보자기는 가방과 달리 보관하는데 별도의 장소가 필요하지 않은 이점을 설명했다. 가볍고 부피가 작아 우리나라와 일본같이 생활 공간이 좁은 주거환경에선 가방보다 보자기가 적격이라고 강조했다.

1,300여 년 전, 삼국시대에 우리 선대는 지금의 환경문제를 예측하였는지 쓰고 남은 헝겊을 재활용하였다. 천의 모양과 색깔을 고려하

여 이어 붙인 조각보는 다채로운 디자인제품이었다. 선대의 절약 정신이었으며 버리는 헝겊 조각으로 멋을 내는 디자인 솜씨가 뛰어났다.

만든 이의 독창적인 개성이 나타났으며 정형이 없는 게 가장 큰 미적 효과였다. 손수 만든 수공예 작품이었다. 이탈리아의 저명 디자이너 알레산드로 멘디니Alessandro Mendini의 '프루스트Proust'라는 의자에 한국의 다채로운 조각보를 입혀, 수공手工의 격조를 높였다. 색동처럼 고운 빛깔의 디자인이라 수요층의 눈길을 끌고 있다.

허동화 한국자수박물관장은 '세상을 감싸는 우리 보자기'란 책에서 조각보의 용도를 기술했다. "아기를 감싸는 '강보襁褓'에서부터 밥상을 덮는 '밥상보', 책을 싸는 '책보', 서당 훈장님의 '회초리보', 결혼할 때 패물佩物을 싸는 '함보', 그리고 세상을 떠나면서 장례를 치를 때 관을 싸는 '관보棺褓'까지 다양한 게 특징"이라고 하였다.

그처럼 우리 선대는 평생 보자기와 함께했다. 육이오전쟁 때 할머니 · 어머니 · 누나들이 생필품을 머리에 이고, 손에 손에 든 피난 보따리도 보자기였다. 어머니도 장날이면 으레 보자기를 들고 다녔으며, 그 보자기에 내 운동화와 학용품 등을 싸서 가지고 오셨다. 초등학교 시절, 나 또한 책과 필통을 보자기에 싸 들고 다녔다.

소풍 가는 날은 어머니가 도시락을 보자기에 싸 주셨다. 걸어가면서 솔솔 풍기는 멸치조림과 더덕구이 반찬 냄새를 즐겼다. 소풍 갈 때만 맛볼 수 있었던 삶은 달걀노른자 향미가 점심시간이 빨리 오길 기다리게 했다. 밥의 따스한 온기가 어머니의 체온이듯 보자기를 통해 내 살결을 데워줬다. 보자기를 보면 어머니를 그리게 하였다.

그랬던 보자기가 언제부턴지 서양 문화의 하나인 가방에 밀렸다. 유행 따라, 브랜드 따라 책가방 · 서류가방 · 손가방 · 백팩backpack 등에 물건을 넣어 다녔다. 실용보다 남을 의식한 겉치레였다. 밀려오는 외풍에 휩쓸려, 국산의 보자기보다 외국제 유명 브랜드 가방을 선호했다.

보자기는 순수한 우리의 독창적인 제품으로, 소중한 정의情誼의 표상이었다. 주고받는 나눔이었다. 귀한 사람에게 건네는 선물은 보자기로 싼 채 그대로 전해주던 우리의 정품精品이었다. 그런 보자기를 잊은 나였다. 조금만 앞뒤를 생각했다면, 우리 것을 소중하게 여겼다면, 서류 · 책 · 노트북 같은 물품은 보자기에 싸 가지고 다닐 수 있었는데도, 굳이 비싼 돈 주고 산 유명 브랜드 가방만 들고 다녔다. 가방처럼은 아니더라도 고이 접어 보관이라도 잘했어야 옳았다.

나는, 우리는 서구인과 다르다. 쌈 싸 먹기를 즐긴다. 된장 · 고추장 · 마늘 · 고기 등을 채소에 함께 싸서 먹는다. 좁은 가방 칸칸에 물건을 종류별로 따로 '넣는 것'보다 그냥 두리뭉실하게, 이것저것 같이 '싸는 것'에 익숙하다. 때론 하나의 물건을 싸기도 하지만, 대부분 여럿을 같이 싸는 보자기는 '이종합일異種合一'의 우리 문화다. 합하여 맛을 더하는, 서로의 가치를 높이는.

그것만이 아니다. 보자기에 싸야 어울리는 게 있다. 각이 진 상품이나 도자기 화병처럼 길고 둥그스름한 물건은 보자기에 싸야 한다. 가방엔 겉으로 불룩 튀어나오거나 공간이 좁아 집어넣기 어려울 뿐 아니라 어울리지 않는다. 함函도, 우리네 옷감도 보자기에 싸야 제격이다. 귀한 상품을 남에게 선물하는 데도 종이 포장이나 가방에 넣는 것보다 보자기에 싸서 건네는 게 예스럽다. 내용물의 품격을 높여준다.

또한, 보자기는 금전적 부담도 없다. 유행 따라 새로 사야 하는 브랜드 상품이 아니다. 가방처럼 지퍼 고장 날 일도 없는, 그 보자기를 나는 잊고 살아온 거다. 남들이 가방을 드니 덩달아 따라 하기 바빴던, 대세의 물결에 휘둘린 소인배 근성이 아닌가.

지난여름, 슈퍼에서 커다란 수박 한 덩이를 샀다. 점원이 넣어준 종이 쇼핑백을 들고 걸으면서 손잡이가 떨어질 것 같은 느낌이었다. 그 백을 껴안듯 보듬고 걸으며 보자기의 필요성을 절감했지만 그때뿐이었다. 여전히 가방을 들고 다녔다. 옹색한 변辯을 한다면 나만 그런 게 아니라, 다 가방을 들고 다닌다는 것.

하지만 나는 다르다. 우리 보자기의 장점과 이점을, 선대의 선견과 지혜를 세계 디자인 대표를 비롯한 박람회 참관객(1천5백18만 명)에게 135일간, 입이 닳도록 자랑해 놓고, 정작 자신은 가방을 들고 다니는, 겉과 속이 다른 사람이다.

그런 내가, 대한민국관을 다녀간 수많은 참관객에게 얼굴을 들 수 있을까. 뛰어난 디자인 감각과 지혜를 전수해준 선대에 떳떳할 수 있을까. 뻔뻔스럽다. 정녕 부끄러운 자신이다.

십이월에

십이월도 중순이 지나면 너나없이 바쁘다. 연말 행사가 겹친다. 송년회 · 동창회 · 시상식 · 종무식 등의 일련의 행사다. 어제는 전 직장의 송년회가 있었다. 오늘도 수첩을 펼쳐보면서 '또 나가 봐야지.' 하며 일어선다. 하늘도 가는 해가 아쉬운지 눈을 내린다.

오늘은 고교동창 송년회, 이십삼 일 열두 시다, 스무 해 만에 나가는 모임이다. 얼마 전에 발간한 수필집(썰물로 밀물로) 이십 권을 가방에 넣는다. 대방역으로 향한다. 햇살에 눈발이 보석처럼 빛난다. 차창에 스치는 눈송이가 마음을 재촉한다. 전철이 충무역에 닿는다. 4번 출구로 나오니 저만치 D 중국음식점이 보인다.

2층 방으로 들어서니 먼저 온 동창들이 손뼉을 친다. …이어가는 얘기는 교모校帽 눌러쓰고 검정 학생복 차림으로, 장충단 골목길을 누비던 학창시절 향수다. 교련 시간, 목총 매고 을지로乙支路로 행군하던, 그때의 늠름한 모습을 떠올릴 때는 모두 어깨를 으쓱한다.

술이 몇 순배 돌더니 회장이 말한다. "각자 자기의 근황을 돌아가면서 얘기할 순서"라며 나를 지목한다. "심심해서 글 쓰고 있습니다. 근황은 내 책 속에 다 있습니다."라며 가져온 책을 나눠준다. "책 두 권이 모자랍니다. 부회장과 총무에겐 별도로 우송해 드리겠습니다."는 말로 내 차례를 넘긴다. 자기소개를 이어가면서 얘기도 돌고 술잔도 돈다. 그저 '너, 나' 하는 팔십을 바라보는 얼굴에도 화기和氣가 돈다.

두어 시간이 금방인 듯 지나간다. 모두 일어서며 서로가 아쉬워한다. 내년을 기약하며 끼리끼리 음식점을 나설 때다. 중견 기업체를 경영한다는 K 회장이 내 곁으로 다가온다. "책에 있는 이메일로 글 하나 보낼 테니 한 번 읽어 봐 주오."라고 한다. 얼떨결에 "그래, 알았소."라며 헤어진다.

집에 돌아오니 오후 네 시가 지났다. 책상 서랍에서 초청장을 꺼내본다. 여섯 시에 문학동우회 모임이 또 있다. 그 자리에서 낭송할 시 한 수를 다듬고 옷을 갈아입는다. 삼성동으로 향한다. 십오 명의 회원이 한식집에 모였다. 앉은 순서대로 시 낭송을 한다. 나는 자작시 '섣달 그믐날'을 읊는다.

차 한 잔 앞에 놓고 저무는 해를 본다.
설익은 낱알들이 눈처럼 쌓여간다.
하나, 둘 별이 뜨듯이 다시 놓는 바둑돌

그러하다. 올해도 여문 열매 하나 달지 못했다. 학원 · 학습장 · 각종 모임으로 바쁘게 돌아다녔지만 별로 내세울 게 없다. 지긋이 한 우물을 파지 않았기 때문이다.

시 낭송이 끝나자 뷔페식 밥을 먹는다. 그냥 식사만 하고 헤어지기 아쉬운 듯 맥줏집으로, 노래방으로 자리를 옮겨가며 술을 마신다. '올해 서운한 일, 못다 푼 아픈 매듭을 다 풀어버리자'며.

나는 지병인 통풍痛風으로 술을 마시지 못하지만, 덩달아 술잔을 들었다 놓았다 한다. 내일 아침 출국할 일정을 얘기하고 일어서고 싶지만, 즐거운 분위기를 깰 것 같은 마음, 모처럼 향기 나는 여성 문인 곁에서 나누는 문담文談 · 정담情談으로 자리를 뜨지 못한다. 집에 돌아오니 밤 열두 시가 지났다.

내일이 크리스마스, 내 생일이다. 올해는 도쿄에 사는 두 딸이 초청하였다. 미국 산호세San Jose에서 직장 다니는 큰애도 함께하는 생일잔치다. 새벽 첫 비행기(김포발 07:55분)를 타야 하는 나는, 누구 정신으로 살아가는지 잘 모르겠다. '남의 장단에 춤추는 격이 아니었는지?'

서둘러 짐을 챙긴다. 노트북 코드를 뽑기 전에 오늘 들어온 메일을 본다. K 회장의 이메일이 눈에 띈다. "회사 종무식 때 읽을 인사말 석 장입니다. 가능한 물 흐르듯 부드러운 문장으로 다듬어 주었으면 합니다."라는 부탁이었다. 그 글을 출력하여 읽는다.

'문인'이란 나의 작은 명분名分이 그 인사말을 두 개안으로 만들게 한다. 짧은 글(A4용지 두 장)과 긴 글(A4용지 세 장)로. 그렇게 정리

한 인사말의 불점火點을 살려가면서 보완과 교정을 거듭한다. '물 흐르듯이.'를 되뇌며.

얼추 다듬어졌을 때 그 인사말을 이메일로 보낸다. 새벽 네 시가 지났다. '잠자기는 틀렸다. 괜히 책을 돌렸다,' 엎친 데 덮쳤다. 자승자박이었다. 하지만 꼬박 밤새워 글 다듬었다는 말을 이메일에 쓰지 않은 나였다.

이렇듯 스산한 한 해가 저문다. 여기저기 동분서주했지만 남은 흔적 없는, 수박 겉핥기식 일상이라서 그럴까. 또 한 살의 나이가 바위 같은 멍에로 다가온다. 하지만 어쩌랴. 그 무게 또한 감당해 가야 할 나의 몫인 것을.

디퓨져의 향기

향기는 벌과 나비만 부르는 게 아니다. 때로는 마음과 가음을 이어 주는, 이심전심의 온기溫氣가 되기도 한다.

일과를 마치고 집에 들어선다, 방문을 여니 풋내가 난다. 싱그러운 향기다. 코를 실룩대며 어디에서 풍기는 향내일까. 방안을 두루 살핀다. 이걸까? 책상 앞 5단 책꽂이 한가운데에 병 하나가 놓였다. 박카스 병보다 조금 더 큰 병(60x70x140mm, 120mL)에 물처럼 맑은 액체가 들었다. 젓가락 같은 대나무 막대 2개가 크이v자 모양으로 그 병에 꽂혀 있다.

이 막대가 품어내는 향기일까? 여느 디퓨져(방향기芳香器)*와 다르다. 병 앞면에 냉이 줄기와 가지 모양의 형체가 그려졌다. 그 그림 밑에 쓰인 설명은 이러하다.

Alphabet

Songs of Nature

제조업체의 누리집에 들어가 검색한다. '알파벳Alphabet'은 업체의 상품 시리즈 명名이고, '자연의 노래Songs of Nature'는 풀밭에서 뿜어내는 부드럽고 싱그러운 '자연의 향기'란 뜻이다. '향기'를 '노래'로 빗댄 그 글귀가 가슴에 와 닿는다.

오늘 아침 도쿄에서 출장 온 딸애가 가져다 놓았구나! '냉이' 같은 자연의 향기를 맡으며, 전에 내게 얘기하던 어린이 마음에서 울어나는, '동화 같은 글쓰기'를 바라는 마음에서, 이 디퓨져를 사다 놓았지 싶다. 고맙긴 하지만 늘 받기만 해서 미안하다. 때때로 넥타이 · 양말 · 잠옷 · 참깨 쿠키 · 목감기용 드롭스Drops · 일본 차茶 등을 보내온다.

남달리 잘해준 게 없는 그 애. 굳이 내세운다면 전학을 권유하여 일본으로 유학하게 한 것뿐이다. 내가 코트라KOTRA 나고야무역관 재직 때였다. 서울에 두고 온 그 애와 가까이 있고 싶었다. 서울 E대에 다니던 그 애를 도쿄 S대로 옮겼다. 그 연유로 졸업 후, 도쿄에서 취직하여 지내는 것을 감사하게 여기는지는 잘 모르겠다.

아비로서 당연히 할 일을 한 것뿐인데, 마음 씀씀이가 따뜻하고 정겹다. 내 일상의 세세한 면까지 늘 신경을 쓰는 것 같다. 이국에서 제 앞가림하기도 바쁠 텐데…. 밥해 먹으며 직장 다니고, 애견 '릴리'를 돌보고, 주말이면 도자기 · 제빵 학원 등으로 동분서주한다.

어떻게 아는지? 철이 바뀔 때면 내게 필요한 신변용품을 시의적절하게 사서 보낸다. 와이셔츠 · 티셔츠 · 목도리 · 모자 등을. 계절 따라 바뀌는 쇼윈도에 진열된 상품을 보고 저 신상품이 내게 필요할 것인지 먼저 생각하는 것 같다. 신변용품만이 아니다. 때론 새로 나온 식품이나 종합비타민 같은 건강 보조식품도 사서 인편이나 택배로 보내온다. 오늘은 출장 오는 길에 저 디퓨져를 사 왔지 싶다. 싱싱한 향기를 맡으며 좋은 글쓰기를 바라는 마음에서.

부모에게 있어 자식이란 어떤 존재일까? 나이 몇십 살을 먹어도 어린애로 보인다더니, 그런가. 그 애의 선물을 받을 때마다 그저 안쓰럽고 미안하다.

향기가 나를 책상 앞에 앉게 한다. 싱그러운 향기에 그 애의 온기와 마음이 함께 실려 온다. 마음에 어리는 디퓨져다. 조용히 그 향을 음미하며 '동화 같은 글'의 실마리를 찾는다. 문득 창밖으로 시선이 간다. 한강 저 너머에 무지개가 드리운다. 꽃무지개가.

* **디퓨져** Diffuser : 제2의 향수, 향이 담긴 액체에 나무 막대를 꽂아 향을 은은하게 퍼뜨리는 실내장식 겸용 방향기.

6부
물어물어 길을 걷다

카메라, 그 디지털카메라

내 방에 트랜스가 하나 있다. 카메라 충전용이다. 220V 전기를 110V로 낮추는 변압기다. 이 카메라는 출신지가 미국이라 110V밖에 모른다. 3년 전, 미국 산호세 큰애 집에서 내 생일을 맞았다. 그때 막내딸이 거기에서 사 준 카메라다.

최신식 디지털카메라다. 사진이 잘 찍힌다는 캐논 SD800이다. 피부가 제 몸체인 스테인리스 색깔이다. 줌Zoom 기능이 있고, 조리개와 셔터 속도가 자동이다. 필름 없이 한꺼번에 800장까지 찍을 수 있다. 찍은 사진은 카메라 스스로 내장한다. 몸체가 작아 가볍고 셔츠 포켓에 쏙 들어간다. 각진 데가 없는 몸매로 살결이 매끈매끈하여 언제나 만지고 싶다. 디지털 시대에 디지털 선물이라 나의 애기愛機가 됐다.

이런 좋은 선물을 어떻게 샀을까. 디지털 시대에 걸맞지 않게 구식 아사히 펜탁스Asahi Pentax 카메라를 멘데다가 무거운 망원·광각렌즈가 든 손가방을 들고 다녔으니 내가 딱하게 보였나보다. 보다 못해 제 용돈을 탈탈 털어 이 카메라를 샀을 거다.

귀한 선물 아닌가. 나의 필수 휴대품 목록에 올린다. 정확히 말하면 휴대품 서열 3위다. 첫째가 지갑, 둘째가 휴대전화, 그다음 차례가 이 카메라다. 외출할 때마다 이 셋은 꼭 챙긴다.

지난여름, 창작수필산악회 정기 산행에 따라갔다. 양주시 명산 불곡산佛谷山(465m)에 올랐다. 내려오는 길에 임꺽정 생가터에 들렀다. 밤꽃이 한창이었다. 꿀 따는 벌 떼가 윙윙거렸다. 자랑삼아 캐논 카메라를 꺼냈다. 그 밤꽃에 초점을 맞춰 단체 사진을 찍었다. 관계 문인들에게 카메라에 저장된 사진을 이메일 첨부물로 보냈다. '비릿한 밤꽃 냄새가 풍기듯 현장감이 살아 있는 사진이라'며 칭찬하는 메시지를 여러 장 받았다.

또한, 지난 10월, 국제펜한국본부가 주선한 '서울 문화기행'에 참가했다. 이번에도 분주히 다니며 많은 사진을 찍었다. 만해萬海 한용운 선생이 살던 성북동 심우장尋牛莊, 상허尙虛 이태준 작가의 고택에서다. 정원수가 들어선 집이라 그늘진 데서 사진을 찍었다. '기념사진이 잘 나와야 할 텐데'라며 은근히 걱정했다. 기우였다. '휴대전화로 찍은 사진보다 정교하고 선명한 사진을 찍어줘서 고맙습니다.'며 여러 문인이 감사 이메일을 보내왔다. 카메라가 스스로 플래시를 터뜨려 조명을 맞춰준 덕이다.

내가 조리개를 조절해 가며 사진을 잘 찍은 게 아니다. 카메라가 자동으로 조절해 준 효과다. 거기에다 든 비용도 없다. 카메라는 선물로 받았고, 필름 값과 인화료도 들지 않았다. 내가 한 건 단지 충전해주고 셔터 눌러, 찍은 사진을 이메일로 보내 준 게 전부다. 그런데 인사를 받고 보니 카메라가 고맙다. 이 카메라를 사 준 딸애가 고맙다. 늦었지만 답례라도 하고 싶다.

좋아할 선물이 뭘까? 물어보기보다 깜짝 선물이 낫겠다. 요즘 유행하는 손목시계형 스마트폰이 좋을지, 핸드백이 좋을지? 연인에게나 줄 선물인 듯, 딸 나이 또래 여인의 휴대품에 눈길이 간다. 시기는 나도 그 애의 생일에 맞춰야지. 생각에 생각이 꼬리를 문다. 행복하다.

아차, 애기가 밥 먹을 시간이다.

가을 나무의 결단

가을은 낭랑한 햇빛에서 온다. 오늘은 그 햇빛이 유난히 곱다. 해가 내쏘는 금실 은실 같은 햇살이 반짝반짝 빛난다.

여의도공원 '자연 생태의 숲(1만 1천여 평)'이 벌겋게 비친다. 벚나무 · 상수리나무 · 은행나무 · 단풍나무 등 130여 종의 나뭇잎이 가을 햇빛을 받아 곱게 물들었다. 생태 연못 주위에 방사放飼한 원앙 · 꿩 · 직박구리 · 멧비둘기 · 산토끼 등 다양한 동물이 따스한 햇볕을 즐기고 있다. 몸을 흔들고, 꽁지를 오르내리고, 서로 눈 맞춤을 하고, …….

우수수 단풍잎이 휘날린다. 내 머리에도 은행잎이 내린다. 부드럽게 닿는다. 제 모체를 떠나오면서도 가벼운 모양새다. 하기야 제 할 일을 다 한 단풍잎이 아닌가. 지난여름 뜨거운 햇볕을 놓칠세라 쉼 없이 광합성 작용을 하였다. 많은 영양분(녹말)을 만들어 모체에 건네줬다. 나무는 그 영양분으로 뿌리를 단단히 뻗고 줄기와 가지를 살찌웠다. 키도 자라게 했다. 열매 맺는 동력이 되었다.

나무가 튼실한 열매를 맺으면 반짝이는 가을 햇빛이 그 열매를 익힌다. 열매껍질이 단단해질 때면 찬바람이 불어온다. 어머니 나무는 겨울나기를 걱정한다. 이 많은 식구(잎)를 데리고 엄동설한을 어떻게 지낼까. 가진 식량으론 긴긴 겨울을 다 같이 살아갈 수가 없을 것 같다. 휘몰아치는 북풍을 견뎌내기도, 솜처럼 쌓이는 눈덩이의 무게를 이겨내기도 어려울 것 같다.

이에 더하여 겨울이 다가오면 햇빛 내리는 낮 시간이 짧아진다. 나뭇잎이 광합성 작용을 할 시간도 그만큼 줄어져 간다. 영양분이 부족해지는 데다 잎은 얼고 가지도 세찬 바람에 부러질 것이다. 어머니 나무는 결단하지 않을 수 없다. 어차피 겨울 동안 영양부족으로 다 같이 월동할 수 없을 바에야 '잎 떨군 나목裸木으로 겨울나기를 해야겠다'고 결심한다. 과감한 결단이다. 나의 월동 준비를, 인생 겨울나기를 돌아보게 한다.

나무는 서둘러 줄기와 잎자루 사이에 떨켜(이층離層)를 만든다. 잎과의 이별을 쉽게 하기 위해서다. 잎에 가는 옥신Auxin(생장호르몬) 농도를, 영양분(수분) 공급을 줄인다. 줄여가다가 저장한 영양분을 고려하여 잎으로 가는 양분의 공급을 끊는다. 잎이 말라가며 단풍들어 떨어지는 이유다.

얼핏 생각하면 매정한 나무다. 여름내 광합성 작용을 하여 영양분을 만들어 준 잎에 대해 배은망덕한 모성母性이다. 그러나 어머니 나무의 결단엔 수긍이 간다. 시간은 올해에만 있는 게 아니다. 내년 봄에 새잎을 달고 꽃을 피울 수 있다. 더 많은 열매를 맺어 선대로부터 받은 명命을 이어가는 게 제 숙명이기에 부득이한 나무의 선택일 것이다. 가을 나무의 결단일 것이다.

떨구는 계절, 인생 겨울을 살아갈 나는 무엇을 얼마나 덜어내는지.

작은 나눔

때때로 '나눔'이란 말에 부끄러움을 느낀다. 번번이 나누며 살아야지 하면서도 실천하지 못하는 게 나눔이다.

여유가 많다면 남들처럼 보육원이나 구호단체에 찾아가 뭉칫돈을 전할 수도 있으련만, 그렇지 못하다. 겨우 세끼 밥 먹고 사는 처지라서 고작 연말 길거리를 걷다가 불우이웃돕기 캠페인 함에 몇천 원 넣어주는 게 나눔의 전부이다. 때문인지 어려운 이웃에게 선행하는 얘기를 들을 때면 적은 금액으로나마 나도 '그래야 할 텐데….'라고 뉘우치기 일쑤이다. 그래선지 '미리내가게'란 기사가 나의 눈길을 붙든다.

올해(2013년) 초, 처음 시도된 '나눔 실천' 운동. 가게 이용자가 돈을 미리 내놓고, 자신과 지인, 또는 어려운 이웃이 차나 음식을 먹을 수 있게 하는 선행이다. 동서울대 전기정보제어과 김준호 교수가 창안, 경남 산청山靑의 '후후커피숍'이 최초로 회원 가게에 가입함으로써 시작됐다. 김 교수는 '기부록'이란 기부 애플리케이션application(응용프로그램)을 만들어 운영 중인 '적극적 나눔 실천가'이기도 하다.

그는 지난 1월, 기업의 사회적 책임 관련 자료를 수집하다가 우연히 이탈리아의 '서스펜디드 커피suspended coffee'* 운동을 알게 됐다. 커피숍 방문자가 맡겨놓은 돈으로 형편이 어려운 누군가가 무료로 커피를 마실 수 있는 나눔 방식이다. 주로 노숙자나 커피 사 마실 돈이 없는 사람들에게 혜택을 줌으로써 그들이 '아직은 살 만한 세상'이라는 희망과 '나도 언젠가는 커피값을 맡겨놓는 사람이 되겠다'는 노동의 동기 부여 효과도 있는 것으로 알려졌다.

김 교수는 '스펜디드 커피' 방식보다 진일보한, 우리 실정에 맞는 기부 모델을 만들었다. 커피숍에 국한하지 않고 식당과 여타 업종으로 그 범위를 넓혔으며, 꼭 어려운 사람이 아니더라도, 누구나 '누구누구가 맡겨놓은 커피값, 음식값'을 이용하도록 했다. 운동의 이름도 '돈을 미리 낸다.'는 개념을 담은 '미리내가게'로 정했다.

어려운 이웃에게 적은 금액을 기부하기에 편리한 방식이다. 나처럼 '나눠야지.' 하면서 미적거리는 이에게 안성맞춤이다. 한데, 뉘우친다. 김 교수처럼 필요가 있으면 방법과 수단을 마련할 수 있는데도 나는 그렇게 하지 못했다.

평소 나눠야 한다는 것을 느끼면서도 그 실천 방법을 강구하지 않고, 그냥 '실천하기 어렵다'란 자기변명을 하며 살아왔다. '생각의 한계'다. 비단 나눔만이 아닐 것이다. 마음이 하고자 하는 내면의 소리에 더 적극적으로 다가가야 하지 않겠는가. 구차한 변명이나 하면서 건성으로 살지 말고!

'미리내가게를 보라.' 산청의 '후후커피숍'이 지난 5월 8일 첫 번째 꽃을 피웠다. 그 이후 입소문을 타고 업계에 널리 알려져 7월 현재 전국 40여 곳의 가맹점이 생겼다. 점차 생활 수준 향상에 따라 시민의 '나눔 운동'이 활성화되고 있는데다 '미리내가게'란 이름이 재미있고, 기부 참여 방식이 독특해 이 가게는 빠른 속도로 늘어날 것으로 보인다.

서울에도 '노PD네 콩 볶는 집(마포구 합정동)'을 비롯허 세 군데나 문을 열었다. 내가 사는 여의도에도 곧 '미리내가게'의 간판을 볼 수 있을 것이다. 어차피 마시는 커피, 이왕이면 차도 마시고 나눔도 할 수 있는 그 가게에 들여, 한두 잔의 커피값을 맡겨두면 어려운 이웃이 '맡겨 놓은 돈 있어요?'라며 차나 음식을 먹을 수 있을 것이다. 나눔을 하고자 하는 이도 그 나눔을 받는 사람도 편리하게 됐다.

가슴에 잔잔한 물결이 인다. 내 삶을 '건성으로 살지 말고' 보다 진지하게 살아가자는 쐐기의 물결, 하루 너덧 잔씩 마시는 커피를 줄여, 덜 마시는 그 커피값을, 아니 거기에 더 보탠 금액을 '미리내가게'에 맡기자는 다짐의 물결.

이제, 그동안 마음속으로만 느꼈던 '작은 나눔'을 실천할 기회가 온 것이다. 내가 맡긴 돈으로 누군가가 따뜻한 음식을 먹으며 피우는 얼굴의 꽃을 떠올리면서, 나도 나누며 산다는 작은 보람을 맛보리라.

* **서스펜디드 커피** : 백여 년 전 이탈리아 남부 나폴리 지방에서 'caffe sospeso(맡겨둔 커피)'란 이름으로 전해 오던 전통에서 비롯됐다. 이후 거의 자취를 감췄다가 2010년 12월 10일 세계 인권의 날에 즈음해 이탈리아에서 '서스펜디드 커피 네트워크'란 페스티벌 조직이 결성되면서 다시 활성화됐다. 150여 개의 서스펜디드 카페를 가진 불가리아를 비롯해 미국, 영국, 러시아, 캐나다, 호주, 한국 등으로 확산하고 있다.

무, 베란다에 꽃 피운

인내는 강하다. 힘이 세다. 꿈을 이룬다. 그 사실을 놀랍게도 무가 보여준다.

긴 겨울이 지나고 봄기운이 돈다. 따스한 공기를 안으로 들이고자 베란다 문을 연다. 구석진 한쪽에 웬 꽃이 보인다. 널브러진 쇼핑백과 빈 병 등을 치워가며 다가선다. 무꽃이다.

지난가을 농장에서 손수 뽑은 가을무 30여 개를 김장에 쓰고 남은 무였다. 음식 조리할 때 밑동 부분을 잘라 넣고, 3분의 2 정도 남은 윗부분이 그대로 베란다에서 겨울을 났다. 동면한 게 아니었다. 감싸준 신문지를 펼치고 장다리를 위로 올렸다. 꽃대 끝과 가지 중간중간에 꽃잎을 열었다. 하얀색 바탕에 자줏빛이 도는 꽃잎이 십자(+)로 피었다. 겨우내 갈증을 감내하며 누구도 쳐다보지 않는 베란다에서 맑고 밝은 꽃을 피웠다.

기적이다. 상상의 한계를 넘어선 무다. 긴 겨울 동안 눈발이 창문을 두드리는 외진 이곳에서 얼마나 떨었을까. 움츠렸을까. 이웃의 체온이 그리웠을까. 뜨뜻한 방 안에 있는 나를 오죽이나 원망했을까? 누구도 돌봐주지 않는 베란다 한쪽 구석에서 꿈을 키웠다. 희망의 끈을 놓지 않았다.

'꽃 피워 열매 맺어야지' 하는 굳은 결심을 했을 것이다. 살 에는 북풍에 몸을 다독여 가며 잘린 뿌리에서 수분과 양분을 끌어올렸을 것이다. 수분이 빠지니 뿌리가 오그라든다. 합죽할미 볼처럼 쭈글쭈글해져 가는 제 몸을 내려다보며 장다리를 위로 솟군 강기剛氣. 종족 비원悲願이란 이토록 참고 견디는 강한 힘을 낳는다.

대단한 끈기다. 겨우내 유리창에 비치는 햇볕을 받아 제 몸을 데워 온 게 헛되지 않았다. 이 정도의 강기와 지구력이 있어야 꽃을 피울 것이다. 바라는 자신의 꽃을 피우고자 노력하다가 힘이 든다고 멈추고, 중단하고, 포기하기를 밥 먹듯 하는 나는, 여태껏 작은 꽃 한 송이 피우지 못했다. 추우면 난방할 수 있고, 목마르면 물 마실 수 있는데도. 부끄럽다.

무가 장하다, 베란다에서 꽃 피운 것만이 아니다. 당신은 밭에서 성장할 때 꽃보다 뿌리에 열중했다. 어찌 찬 서리가 내리기 전에 꽃 피우고 싶지 않았을까. 하지만 뿌리가 우선이었다. 때때르 불꽃처럼 솟구치는 뜨거운 감정을 다독이며 인내했으리라.

밭둑에 핀 국화에 날아드는 나비를 보면서, 꽃술을 간질일 그 희열보다, 대를 이을 의무감보다 자신에게 양분과 수분을 주는 뿌리에 정성 들인 무. 그 결초심結草心을 닮은 꽃이다. 무잎이 만든 양분을 뿌리로 내려주고, 꽃 피우지 않은 채 버텨온 강한 화심花心일 것이다.

그렇게 살찌운 통통한 몸을 인간의 김장감으로 내주지 않는가. 끈기와 인내를 품고 살며 넉넉하게 베푼다. 그런 강건剛健한 무이기에 흙 한 톨, 물 한 방울 없는 사막 같은 베란다에서 꽃 피울 수 있었으리라. 놀랍다.

그만한 끈기와 강한 힘이, 투철한 '목적의식'이 내게 있을지는 모르지만, 잘린 몸에서 양분과 수분을 끌어올려, 꽃 피운 당신의 숨결소리에 귀 기울이고 싶다.

세월, 무엇을 더 가져갈는지

중학생 시절, 어느 겨울날이었다.

햇살 고운 아침, 또래의 마을 친구들이 지게를 지고 찾아왔다. 다섯 친구 중 한 살 위인 K가 "깔비(솔가리) 끄러 가자"고 하였다. 같이 노닥거리며 마을 앞 삼성산三聖山(591m)을 여럿이 오르는 게 즐거울 것 같았다. 덩달아 나도 지게를 지고 따라나섰다.

전에 한두 번 나무하러 산에 간 적은 있지만 깔비 끄러 가는 건 이번이 처음이다. 낙엽을 밟으며 앞서거니 뒤서거니 하면서 걷는다. 평소 노래라면 빠지지 않던 S 친구가 "나무하러 가세, 나구하러 가세/상상마루에 나무하러 가세…."란 산타령을 선창하자 모두가 지겟작대기로 장단을 맞춰가며 흥얼거린다.

산 중턱쯤에 올라서자 K가 자리를 잡는다. "이 소나무를 기준으로 하여 사방 500m 이내에서 깔비를 끌자"고 일러준다. 그러면서 "지금부터 2시간 이내 누가 깔비를 많이 끄는지 시합이다"라고 리더(지도자)처럼 말한다. 한 살 많은 그였지만 나잇값을 한다.

모두 질세라 그렇게 하자며 소나무 밑을 쫓아다닌다. 큰 소나무가 많은 산이라서 그런지 구릿빛 깔비가 2~3cm 두께로 깔렸다. 깔꾸리(갈퀴)로 깔비를 끌어 무더기로 쌓아간다. 서로 눈치를 봐 가면서 지지 않으려는 듯 장난도 치지 않는다. 그렇게 열중하는 모습을 보면서 역시 경쟁이 '일을 하게 한다'란 것을 새삼 느낀다.

얼추 시간이 다 되어가자 각자가 끈 깔비를 자기 지게 앞에 가져다 놓는다. 많이 보이게 하고자 엉성하게 쌓는다. 리더가 "자, 누구 게 많은지?"라며 돌아가며 쌓인 깔비의 높이를 재고, 양팔을 벌려 폭을 잰다. 나는 1등을 하지는 못했지만, 꼴찌를 면한 게 다행이었다. 1등에게 각자의 깔비 한 움큼씩을 상품으로 건네주며 손뼉을 친다.

경쟁 덕에 깔비를 많이 끌었다. 가져온 새끼로 지겟가지에 받침대를 엮는다. 끈 깔비를 차곡차곡 쌓아서 짊어진다. 묵직하다. 지겟작대기를 잡고 비뚤거리며 조심스럽게 하산한다. 집 마당에 들어서니 어머니가, "우야꼬! 이렇게 많은 깔비를 우얘 지고 왔노!" 하신다. "어여 손 씻고 안방에 들어가 쉬어라"라며 시루에서 주먹만 한 홍시 두 개를 꺼내어 주신다. 그 홍시를 먹고 있으니 어머니가 점심상을 들고 오신다. 김이 안개처럼 피어오르는 김치국밥. 어머니가 참기름 두어 방울을 떨어뜨리니 확 풍기는 고소한 냄새가 식욕을 당긴다. 땀 흘려 깔비 끌고 먹는 김치국밥의 시원한 맛, 씹히는 묵은김치의 칼칼한 그 맛이 지금도 내 입에 남았다. 타향에 전전한 60여 년이 흐른 지금까지도.

세월은 가고, 추억만 남는가. 오늘 찾은 고향은 그 시절 그날의 고향이 아니다. 삼성산이 옷을 벗었다. 깔비 끌던 그 산엔, 육이오전쟁의 흔적인 양 국립영천호국원이 들어섰다. 온산에 순국 영령들을 모셨다. 오순도순 모여 살던 마을엔 반겨 줄 부모님도, 이웃도, 그때 그 친구들도 다 떠난 낯선 마을이다.

김치국밥 먹던 그 터전엔 음식점이 들어섰다. 창문 열면 바라보이던 푸른 산언저리엔 창고 같은 콘크리트 건물이 수문장처럼 서 있다. 마당에 앉아서 한가로이 여물 씹던 농우의 자리엔 근대식 양옥이 들어섰다.

가물가물 떠오르는 그 시절의 우리 초가는 흔적 하나 없다. 추억은 형체가 없는 것이라서 아름답다 하는가. K가 나잇값 하던 그 시절도, 만나면 무엇이든 경쟁하던 그 친구들도, 삼성산에 지천으로 깔렸던 깔비도, 어머니의 시원한 김치국밥도 못내 그립기만 하다.

봄동

설 다음 날, 도봉산에서 내려오다가 초등학교 동창 J를 만난다.

"야~ 몇 년 만인가!" 얼싸안고 서로 몸을 비빈다. 참 잘 만났다며 점심을 같이하잔다. 내려가면 봄동 겉절이를 제맛 나게 하는 할매집이 있다고 한다. 학창시절 골목을 누비며 뛰어다니던 소꿉장난, 동창들 근황 얘기를 주섬주섬 나누다 보니 어느덧 할매집에 닿는다. 문 열자 확 풍기는 초장 냄새, 고향 냄새.

자주 찾는 식당인 듯하다. 주문도 하기 전에 할머니가 막걸리 한 병과 봄동 겉절이를 먼저 가져다 놓는다. "이 겨울에 싱싱한 겉절이가!"라며 반기자, 기다렸다는 듯이 "이 집에 손님이 많은 이유"라는 J의 답이다.

사발 잔을 부딪치며 J의 건배사, '통통통*'를 재창한다. 서로 눈을 마주 보며 단숨에 쭉 들이킨다. 찬 막걸리가 뱃속을 식힌다. 입맛 당기는 겉절이는 채소 본연의 초록 빛깔 그대로다. 붉은 양념장과 참깨가 골고루 뿌려진 배춧잎이 아삭아삭 씹힌다. 상큼한 초장 맛이 어머니 손맛이다. 어릴 적 자주 먹던 그 맛이다.

어머니는 “한겨울을 이겨내는 영양제”라며 밭에서 봄동을 뜯어다가 밥상에 자주 올려주셨다. 봄동은 늦가을에 씨를 뿌려, 겨우내 노지露地에서 얼었다 녹기를 반복하며 자란 ‘납작배추’였다. ‘떡배추’라고도 불렀다. 겉잎은 짙푸르고 가운데 속잎은 무늬만 노랗지 제 속을 채우지 못한 채 펑퍼짐한 모양새였다. 그 봄동잎을 된장에 무쳐주시거나 참기름 몇 방울 떨어뜨려 양념장에 버무려 주시곤 하셨다. 수분이 많아 달고 연했다. 눈 속에서 견딘 ‘인고의 향미’였을까, 사각사각 씹히던 아삭한 맛이 입맛을 돋워줬다.

이 집 겉절이가 바로 그 맛이다. 달짝지근하고 고소하다. 봄기운이 입안으로 퍼진다. 딱 먹기 좋게 자른 봄동잎을 맛있게 씹으니 J가 그것의 효능을 자랑삼아 얘기한다. 식이섬유와 칼슘 성분이 많아 변비에 좋고, 아미노산과 비타민 C를 함유하여 피로를 해소해줄 뿐만 아니라, 베타카로틴* 성분이 항산화 작용을 일으켜 노화를 방지시켜준단다. 식이섬유가 풍부한 데다 열량까지 낮아 다이어트에도 약이 되는 채소란다.

술 두 병을 비우자, 보리밥이 나온다. 할머니가 보글거리는 된장찌개를 들고 오시더니 겉절이 한 사발을 더 가져다 놓으신다. 주문도 반찬 추가 청請도 없는 집이다. 그릇을 비우기 바쁘게 새 반찬을 가져온다. 오랜만에 김이 모락모락 피어오르는 보리밥에 겉절이를 얹어 먹는다. 그 맛이 안주 겉절이와는 또 다른 일미다. 갼칠맛이다.

오늘은 길일吉日이다. 반세기 만에 옛 친구를 만났다. 오랜만에 봄동 겉절이도 만나 고향 맛, 어머니의 손맛을 다시 느꼈다. 올해는 내 '인생 겨울'을 잘 지내려나 보다. 어머니 말씀처럼 한겨울을 이겨내는 봄동같이.

* **통통통**: '의사소통, 운수대통, 만사형통'의 약어로 올해 건배사로 유행
* **베타카로틴** betacarotene : 카로티노이드 탄화수소, 노란빛 또는 붉은빛 색소의 한 무리

망초의 강한 삶

장마가 끝나고 햇볕이 내리는 아침이다.

전지가위를 손에 쥐고 주목밭에 들어선다. 칠백여 그루의 나무가 내 키보다 높이 자란, 그 줄기 위에 웬 하얀 꽃이 반긴다.

'어인 일로 여기에 망초꽃이!' 서너 송이가 나를 내려보며 웃는다. 해맑은 얼굴이다. 방금 세수한 민얼굴이다. 꽃 중앙에 달걀노른자 같은 대롱꽃을 에돌아 핀 설상화舌狀花다. 혀 모양의 하얀 꽃잎이 마치 강강술래 하듯 대롱꽃 주위를 둘러싸고 있다. 동전 크기만 한 그 꽃이 내리쬐는 햇살에 반짝인다.

육칠월이 제철이다. 오늘 아침 이 밭에 오던 길가에 무리 지어 선 망초는 다른 잡풀보다 10cm 정도 높이 올린 줄기 끝에서 꽃을 피웠다. 하지만 대부분이 내 무릎 높이였는데 우리 밭 망초는 나도 모르게 일 년 새 내 키보다, 7년 자란 주목보다 높이 솟았다. 쇠젓가락만 한 몸 안에 그런 의지意志가 어디에 있었을까.

여기 이 망초꽃 하나만 우뚝 솟았는지, 주목밭을 다 돌아본다. 신기하게도 다섯 군데에서 망초가 주목 원줄기 위에 꽃을 피웠다. 키가 180cm 이상으로 보인다. 길가 너른 풀밭에서 자유롭게 자란 또래보다 훨씬 높이 솟은 게 어쩐 일일까?

조경용 주목은 속이 보이지 않을 정도로 잎과 가지가 꽉 차도록 키운다. 우리 밭 주목도 그렇게 키워서 공간이 없을 텐데…. 그 촘촘한 가지와 바늘 잎 사이에서 빈틈을 찾아 뚫고 오른 그가 장하다. 그런 첩첩난관에서도 굽거나 휘어진 데 하나 없이 대[竹]처럼 곧게 자랐으니 놀랄 일이다. 나의 입지가 그랬다면 진작 물러서고 말았을 것이다.

그러나 망초는 주목보다 높이 오르지 않으면 수없이 많은 바늘 잎에 가려, 햇볕을 받을 수 없게 됨을 인지했을 거다. 햇볕 없는 삶은 곧 죽음이란 사실을 일찍이 안, 망초는 악착같이 온 힘을 다해 위로 위로 솟아오른 강한 생명력이다.

옆 경주자(주목)를 따라잡아 그 위로 올라서지 못하면 제 생명이 끝나기에 모든 힘을 성장에 기울인 망초다. 주목에 뒤지지 않으려는 생의 강한 애착이다. 끈기다. 끝까지 도전한 불굴의 정신력이다.

'성장 장애물'을 '성장 의지依支'로 삼아 막힌 길을 찾은 그의 슬기와 끈기가 놀랍다. '저쯤은 되어야 남보다 앞설 수 있다'는 사실을 깨닫게 한다. 무르고 약한 나는 '성장 장애물'을 만나면 그 길을 피해 다닌다. 아니면 가던 길을 우회하기 일쑤다. 망초처럼 난관을 뚫고 오르는 끈기도 강기剛氣도 없다. 그러기에 하고많은 봄여름 다 지나고도 바라는 꽃 한 송이 피우지 못한 자신이 아닌가.

퇴직한 지 10여 년, 살아갈 여정이 아직도 멀고 먼데 할 일을 다 한 듯 어슬렁거리며 허둥대고 산다. '올라서야 한다'는 언덕배기 하나 정하지 않은 채 그저 그날의 물결 따라 출렁인다. 망초한테 배워야 한다. '그의 강한 삶을.' 어쩌면 망초는 떠나온 제 디엔에이DNA의 고향, 아메리카 대륙을 의식하고 사는지 모른다. 나처럼 고향 떠나올 때 다짐했던, '뛰어나지는 못할지라도 남에게 뒤지지는 않아야 한다.'는 결의를 품고 사는 망초이지 싶다.

'이국만리 여기까지 와서 어렵사리 뿌리 내렸는데 주목 잎에 가려 죽을 수 없다'는 자격지심으로 화산 분화噴火처럼 있는 힘 없는 힘 다 쏟아, 꽃으로 분출噴出시킨 승리의 깃발이 아니겠는가. 어쩌면 천 년을 사는 주목의 '생기'를 받았는지도 모른다. 여느 나무보다 생명력이 강한 주목 곁에 망초가 뿌린 내린 게 우연이 아닐 성싶다. 망초의 지혜가 돋보인다.

일 년 새 7년 자란 주목보다 높이 솟은 망초, 화산 분출 같은 '강한 삶' 앞에서, 나도 은근히 생기가 돈다.

오늘도 힘찬 하루를

누구 방에나 창(창문)은 있다. 공기나 햇빛을 받고, 밖을 내다볼 수 있는 작은 문. 나는 그 창을 통해 해맞이한다.

동쪽으로 난 창은 아파트 30층에 있다. 한강이 굽어보이는 여의도 63빌딩 옆이다. 어른 키 높이의 그 창을 마주하고 침대가 놓여 있다. 아침마다 알람이 울면 자리에서 몸을 일으킨다. 창에 드리워진 가리개(블라인드) 줄을 당겨 바깥을 연다.

확 튄 공간, 강물이 눈앞에 펼쳐진다. 강북 대로변 가로등 불이 한강에 드리운다. 석양에 뻗는 그림자같이 기다란 등불이 물결에 일렁인다. 얼다가 만 한강 물은 얼음과 얼음 사이에 멈춰 있듯 고요하다.

한강철교 저 너머, 먼 산마루에 동이 튼다. 환하게 밝아온다. 한강대교엔 열차가 힘차게 달린다. 올림픽 대로엔 동서로 오가는 차량이 꼬리를 문다. 반짝이는 차등車燈의 불빛이 용광로에서 쏟아져나오는 쇳물같이 흐른다. 힘찬 출발이다.

이맘때쯤이면 한강 상류, 먼 산 너머에서 해님이 얼굴을 올린다. 세상을 밝힌다. 하늘이 불그레해지고 땅에도 어스름이 거친다. 강물도 금빛을 띤다. 아침만큼 새 기운을 주는 것도 드물지 싶다.

눈 아래 펼쳐진 한강공원에도 생기가 돈다. 동물이 그렇다. 비둘기 떼가 누런 잔디밭에서 아침을 줍는다. 질세라 까치들도 푸드덕 나래짓을 하며 새 아침을 반긴다. 생동감이 인다.

이렇듯 나는 창을 통해 하루를 연다. 새벽의 고요함과 이어지는 해 돋음, 생동감, 새 기운이 있음으로써 아침의 시동을 건다. '오늘도 힘찬 하루를.'

물어물어 길을 걷다

낯선 길을 물어물어 걷는다.

30여 년 국내외를 드나들던 '무역진흥의 길'에서 물러난다. 직장 KOTRA을 떠나 집에 나앉으니 막막하다. 하는 일 없이 나날이 방에서 뒹굴며 밥상 앞에 앉기가 미안하다. 삼시 세끼를 그러다가 중학교 동창모임에 나간다.

"모두 뭘 하고 지내시오?"라고 묻는다. 70줄의 회장이 "다 산행하며 살아간다"고 한다. 매주 수 · 일요일 오전 10시에 관악산 입구에서 만난단다. 7~8명씩 모이는 그 산행에 따라다니기 3년여 만에 엄지 발가락이 아프다. 가파른 산길을 많이 걸어서가 아니다. 술과 안주를 즐겼기 때문이다. 여느 산행 마무리가 그러하듯 하산하면 으레 술집에 들른다.

감자탕 안주에 막걸리가 고정 메뉴다. 값이 싸고 푸짐한 데다 너나 없이 즐기는 뒤풀이 조찬粗餐이다. 사발 잔에 막걸리를 주거니 받거니 하며 탕에 든 돼지갈비 뜯는 맛이 일미다. 양념장과 고기 기름이

밴 감자와 라면 맛이 산행을 부추기는 마력이다. 식탁에 끓는 큰 냄비가 밑바닥을 보이면 쑥갓과 감자를 추가 서비스받아, 라면 서너 개를 풀면 냄비가 다시 그득하다. 그것을 먹는 게 식사다. 3년 동안 술과 기름을 즐겼으니 탈이 난 것이다.

퉁퉁 부은 발가락이 쑤셔온다. 정형외과에 들러 검사를 받는다. "통풍痛風입니다. 술과 기름기 음식을 멀리하고, 등푸른생선을 잊으셔야 합니다."란 의사의 처방이다. '즐겨 먹던 것인데….' 하지만 자업자득이다. '지나치면 부족함만 못하다'란 말이 또렷이 각인된다.

매주 손꼽아 기다리던 산행을 접고 티브이와 컴퓨터 화면을 바라보는 나날이 지겹다. 전 직장 동료들의 주소록을 뒤적이다 P 친구의 직업란에 시선이 간다. '묘목업', 경기도 양주에서 은행과 매실나무 묘목을 키우는 그 친구에게 전화한다.

"뭐 내가 할 만한 일이 없느냐"고. 대뜸 그는 "시흥 밭에 조경수를 심으라"고 권한다. 그 분야에 아는 게 없지만, 모르는 건 P 친구에게 물어물어 나무를 키우면 되지 않을까 싶다. 그럴 작정으로 심을 수종을 선정하고자 양재 묘목시장에 들른다. 그곳에 상주하는 조경업체에 물으니 이구동성으로 왕벚나무와 주목을 추천한다.

마을 사람에게 임대 줬던 시흥 밭(1,498평)을 돌려받아 쇠똥 거름을 십여 트럭 사다 뿌리고, 골을 타서 추천받은 묘목 1,300여 그루를 심는다. '물 줘야 할 텐데'라며 전 경작자에게 지하수 나오는 데를 묻는다. "밭 한가운데에 우거진 풀 속을 헤치면 지하수 구멍이 있다"고 한다. 그가 알려주는 대로 모터를 사다가 펌프 시설을 하니 물이

펑펑 나온다. 심은 묘목에 물을 주니 나뭇가지에 생기가 돈다. 그러던 중 벚나무 줄기에 기어 다니는 벌레를 본다. '또 물어야지.' 하며 시청 산림과에 들른다.

농협 농자재센터에서 소독약을 사다가 뿌리라는 병충해 예방 자료를 얻어, 현관으로 내려온다. 벽보가 시선을 끈다. '시흥 도시기본계획 주민공람회' 안내다. 대회의실에 들러 상세 도면을 보니 내 밭도 그 계획에 들어 있다. 이 계획안에 의견이 있으면 써서 내라는 양식을 손에 든다.

길에 접한 밭 일부가 도로에 편입하는 것으로 구획돼 있으나, 근린생활시설지(근생지·그린벨트해제) 계획엔 들어 있지 않아, 의견을 육하원칙에 따라 기재하여 담당 직원에게 건넨다. 그 주요 내용은 내 밭 주위에 딱지(환지증명서)로 짓긴 했지만, 이미 여러 건물이 들어선 현지 여건을 고려하여 근생지로 편입해 달라는 요청이다.

한 달여 만에 회신 공문을 받는다. 길가 쪽, 밭 500여 평을 근생지로 편입했다는 답이다. 기쁘긴 하지만, 건축비가 문제다. 설계업체에 물으니 농협에 밭을 설정하여 대출을 받을 수 있다고 한다.

농협은행을 방문하여 밭을 설정하고, 5억5천만 원을 대출받아 건물 세 동을 짓는다. 지은 건물 한 동을 팔아서 농협 대출금을 상환하고, 남은 두 동을 임대하여 그 수입으로 살아가는 이즈음이다. 매달 말이면 꼬박꼬박 입금해주는 임대료가 보화寶貨다. 내 삶의 자양분이 된다. 물어물어 걸어온 그 길이 '생계의 벌잇길'이요, 바른길이다.

아직 그린벨트로 남은 1,200여 평의 밭엔 생명이 자란다. 어느덧 벚나무가 내 키 높이다. 봄이면 온 밭에 꽃을 피워 마을 사람들이 사진 찍는 장소가 돼간다. 여름이면 마을 농부들에게 물어서 심은 상추 · 부추 등을 뜯어다 먹는다. 때론 이웃에도 나눠줘 고맙다는 인사도 받는다. 가을이 되면 무 · 배추를 캐다가 김장하여 겨우내 즐겨 먹는다. 아내는 "우리 밭에 심은 무가 단단하여 사각사각 씹히는 맛이 있다"며 겨우내 물김치를 상에 올린다.

늘 농장 가는 길이 즐겁다. 월미마을에 들어서면 내가 지은 빨간 벽돌 건물에 먼저 시선이 간다. 밭엔 벚나무와 각종 채소가 하루가 다르게 자란다. 어서 가서 보고 싶은 마음. 물어물어 걸어온 게 작은 보람의 터전이다. 올바른 길이다. 남은 여정도 그렇게 걸어가고 싶다. 옛말에 '아는 길도 물어가라 했으니.'

7부

용문산 물소리

딸 만나 힐링하다

산자락 굽이굽이 돌아 오르니 황금색 억새밭이다, 센고쿠하라 고원仙石原 高原이란다. 차에서 내려 하늘이 언뜻언뜻 보이는 측백나무 숲길 따라 들어선다. 하코네 이치노유箱根一の湯호텔. 서걱거리는 대나무, 짹짹대는 새들이 반겨주는 듯하다.

짐 풀고 창문 여니 긴도기야마金時山(1,213m) 정상이 눈에 덮였다. 구름처럼 보인다. 가까이는 언 땅에 핀 동백꽃, 빽빽이 들어선 대나무, 그 뒤로 키 큰 측백나무가 에워싸서 절경을 이룬다. 도쿄에서 직장 다니는 막내딸이 성탄절을 같이 보내자며 안내한 온천 호텔이다.

그 애가 차를 따르며 말한다. "요즘 온천 힐링이 유행이에요. 그동안의 피로와 스트레스를 여기에서 다 풀고 가세요." "그래, 그래야겠다"며 아내와 같이 노천 온천으로 내려간다.

천연 온천에 몸 담그니 움츠렸던 속살이 풀린다. 온천물이 혈관으로 흘러드는 듯하다. 그간 도시의 소음, 부딪던 긴장감, 남과 비교하며 생긴 경쟁심, 더 갖고자 바동대던 욕망으로 쌓인 피로와 스트레스가 한 겹 한 겹 씻겨가듯 기분이 상쾌하다.

딸의 지난날이 열탕 증기처럼 피어오른다. 함께한 날보다 떨어져 산 날이 더 많다. 1989년 내가 나고야무역관 근무 때 서울 E대에서 도쿄 조지上智대학교로 전학한 후, 줄곧 홀로 지냈다. 졸업 후 더러 만났지만, 직장 따라 홍콩, 미국, 다시 일본으로 전전하였으니 그리움만 더해 갔다. 그 애가 좋아하던 포도를 먹을 때도, 보글보글 끓는 굴 순두부가 상에 오를 때도…. 그랬던 막내였기에 이번 만남은 더 절실하다. 때때로 보고 싶고, 나누고 싶었던 '둘만의 얘기가 쌓여 있었으니.'

탕 속 한 시간이 금방인 듯 지난다. 저녁 식사시간이다. 로비에서 만나 지하 식당으로 내려간다. 자연식 3인 상이다. 온천물로 만든 유도후湯豆腐, 산나물 무침, 표고버섯과 우엉조림, 찌개, 된장국 등 청정 하코네 산産 음식이다. 후식으로 나온 따끈한 검정콩차와 얼음과자 맛이 유별나다.

흐르는 시간이 아쉽다. 억새밭을 걷다가 온천을 드나든다. 이른 새벽까지 세 번이나 들락거리며 산속의 밤 풍경에 젖는다. 난생처음 탕 안에 든 달을 안고 수영한다. 산속으로 떨어지는 별똥별도 본다. 불쑥불쑥 솟는 온천수로 때 묻은 마음을 씻고 들뜬 정신을 가라앉힌다. 몸 안의 피로와 스트레스가 다 빠져나간 느낌이다.

햇살이 잠을 깨운다. 아침밥 먹고 볕이 나긋할 때, 셋이서 하코네 온천 길을 걷는다. 화산 분연噴煙 솟는 오와구다니大涌谷(1,044m)에 오르고자 케이블카 정류장으로 간다. 그때 손잡고 걷던 딸이 갑자기

두 손으로 내 팔을 움켜쥔다.

"아빠, 저 걱정은 하지 마세요. 스트레스랑 몽땅 날리시고, 아프지 않아야 해요."

"응~ 그래, 건강해야지"라며 케이블카를 탄다.

유황 냄새에 코를 실룩대며 일본 대표 온천 하코네를 공중 산책한다. 산 중턱에 펼쳐진 넓은 아시노코芦ノ湖 호수와 멀리 보이는 후지산富士山을 배경으로 사진을 찍는다. 산속 여기저기에서 분수처럼 솟는 화산 연기가 자욱하다.

종점이다. '가깝게 다가가지 마십시오.'라고 적혀 있다. 분화구가 하코네 온천이 좋다는 사실을 말해준다. 검은 달걀黑卵이 시선을 끈다. 온천물에 삶았기에 한 알 먹으면 7년이 젊어진다는 말에 혹한다. 줄 서서 사 먹고, 소문난 감주도 마셔가며 그동안 쌓인 얘기를 조곤조곤 나눈다. 할 말을 다하니 마음이 저 분연처럼 가볍다.

하코네에 머문 이틀, 막내딸과의 만남이 마음 치유의 양약이었다. 쌓인 피로와 스트레스, 그리고 나누고 싶었던 '밀어密語의 체증'이 힐링됐다. 몸과 마음이 가뿐하다. 후련하다. '자주 만나야지.' (2014 2. 18.)

시흥 힐링밭

시흥시 금이동에 정원수 키우는 밭이 한 뙈기 있다. 1,120평이다. 그 밭 한쪽에 텃밭을 만든다. 50평 남짓한 땅에 채소를 심는다. 상추 · 쑥갓 · 시금치 · 오이….

흙이 마르면 물을 준다. 풀이 돋으면 뽑아 준다. 한참 일하면 땀이 난다. 갈증에 마시는 물맛이 달고 시원하다. 때때로 신선한 무공해 채소를 뜯어다 먹는다. 몸과 마음이 푸르러 간다. 밭 끝자락에 부추 씨를 뿌린다. 한 움큼씩 잘라다 먹는다. 잘라도 잘라도 또 자란다. 부추밭은 봄부터 늦가을까지 늘 푸르다. 뿌리도 촘촘히 엉겨 잘 뻗는다. 힘이 센 부추다.

사흘이 멀다고 한 움큼씩 잘라온다. 물에 흔들어 씻는다. 그런 다음 잘게 썰어 뜨거운 밥에 고추장과 참기름 넣고 비빈다. 고소한 향내에 입맛을 다신다. 아삭아삭 씹히는 향긋한 맛이 일품이다.

때론 부추와 상추를 뜯어다 이웃에 나눠준다. 그럴 때마다 “손수 가꾼 청정 채소, 잘 먹겠습니다”란 인사를 받는다. 정은 만남에서 싹

튼다. 서먹서먹하던 이웃 간에 만남이 잦아진다. 정이 오간다. 때때로 빈대떡, 잡채, 수제비 같은 음식을 가져다준다. 준 것보다 받는 게 많을 성싶으면 수박과 참외도 이웃에 건넨다. 식품을 나눠 먹으니 마음도 오간다. 서로가 고마워한다.

현직에서 은퇴 후 칠 년을 놀았다. 갈 데가 없었다. 놀고만 있었으니 스트레스가 쌓였다. 그래서 밭에 나갔다.

그동안 쌓였던 스트레스가 땀에 씻겨가듯 개운하다. 밥상에도 신선한 채소가 놓인다. 이웃집 별식도 구미를 당긴다. 식사시간이 늘 즐겁다. 자주 가고 싶은 채소밭이다. 아니 힐링밭이다.

농촌에서 태어나서 그럴까. 밭에서 풀을 뽑으면 고향 흙내가 난다. 그 옛날 콩밭 매던 어머니의 땀 냄새도 풍긴다. 그런 추억 때문인지 마음도 푸근하다. 땀 흘려서 몸이 가뿐하다. 이웃까지 가깝게 해주니, 채소 가꾸기를 참 잘했다. 집에서 빈둥거리던 내가 무엇을 하여 이웃의 따뜻한 인사를 받을 수 있을까. 별식 또한 얻어먹을 수 있을까. 인생 후반기를 살면서 이만한 정신적인 힐링도 드물지 싶다.

아내는 농장 가는 나에게 늘 말한다. “일 좀 그만하세요. 일꾼을 불러 풀을 뽑도록 하십시오.” 밭에서 즐기는 내 마음을 아내는 잘 모른다. 사무실 일만 하던 내가 무리하게 밭일하다가 병이 나면 큰일이지 싶은가 보다.

언젠가 날 잡아 밭일의 즐거움을 얘기해 줘야겠다. 일하고 흠뻑 젖은 몸을 청정 지하수로 샤워하면서 느끼는 시원한 기분을, 씻고 나서 마시는 한 잔의 맥주 맛을, 한 번도 깨지 않고 아침까지 단잠자는 약이 밭일이란 것을, 내 몸과 정신을 힐링해준다는 것을.

밭에서 건강도 챙기고, 이웃에 나눌 채소도 뜯어온다. 고향도 보고, 어머니도 만난다. 남들은 날 잡아 돈 들여가면서 '힐링 캠프'를 찾는데 나는 수시로 힐링밭에 간다. 공짜다. (2014 4. 2.)

졸인 마음 글로 풀며

젊음을 수출 일선에서 보냈다. 코트라KOTRA에 근무하면서 수출과 연을 맺었다. 1964년부터다.

그해 우리나라가 수출 1억 달러 목표를 달성한 11월 30일을 '수출의 날'로 정했다. 그 날을 기념하는 행사를 이어가고 있다. 지금은 '무역의 날'로 이름이 바뀌었다. 그때 국정 지표는 증산 · 수출 · 건설이었다. '잘 살아보자'란 기치 아래 수출 목표 달성은 우리의 지상 과제였다.

해마다 나라마다 수출 목표가 있었다. 그 목표를 달성하고자 '수출 첨병'으로 외국에 파견됐다. 일본 · 미국 · 브라질 · 세네갈로 뛰어다니며 바이어Buyer 발굴, 시장 조사, 수출 상품의 전시展示 · 홍보 활동을 했다. 뛸수록 실적이 올랐다. 목표를 달성하지 않으면 본국으로 소환되었기에 뛰지 않을 수 없었다. 오직 수출목표 달성을 위해 살았던 삶이었다. 해마다 수출 목표를 초과 달성했기에 '수출의 날'이면 그날만은 뿌듯한 잔칫날이었다.

어언 반세기가 흘렀다. 1964년 1억 달러였던 수출이 2013년 5,596억 달러에 이르렀다. 세계 7위의 수출국이 됐다. 업계와 정부, 그리고 모든 국민이 다 같이 노력한 결과다. 나 또한 지난 30여 년 동안 수출시장 개척의 일원으로서 작은 밀알, 작은 물결이 되지 않았나 싶다. 그런 삶이 나의 전반기 인생이었다.

짧지 않은 그 기간의 피로와 스트레스가 쌓였다. '수출 앓이'를 해온 내상內傷이 컸다. 위胃에 염증이 생겨 수술을 받았다. 두근거리는 심장확장증으로 지금도 약물치료를 받고 있다. 생각마저 숫자로 굳었다. 사물이나 상황을 판단할 때 실리를 앞세운 '상商의 잣대'를 들이댄다. 계산을 앞세운다. 내 정신에, 마음에 둘러싼 '숫자의 켜'이다.

어느덧 내 머리칼도 하얘졌다. 정년이 됐다. 수출 일선 근무를 마쳤다. 전반기에 '수출 긴장'으로 졸였던 마음을 풀어갈 후반기 인생이다. 낯선 외국에서 겹겹이 쌓인 스트레스와 피로를 풀어가야겠다. 늘 뒷순위로 밀렸던 '내면의 소리'에 귀 기울이는 삶이 무엇일까를 생각하다가 '글쓰기'로 마음을 굳혔다.

가슴을 조이던 긴장의 실타래를 글로 풀어내고 싶다. 내 안의 비정서적인 켜를 누에가 실을 뽑듯 한 겹 한 겹 뽑아내 행간行間에 글로 펼치고 싶다. 이제 초조하거나 서둘지 않아도 된다. 느긋한 마음으로 글감을 관찰하다가 떠오르는 이미지가 있을 때 펜을 든다.

드문 일이긴 하지만 마음에 드는 글 한 편을 쓸 때는 환희에 젖는다. 찾던 글감에서 나만이 느낀 것 같은 정이나 정서의 상想이 떠오를 땐, 마치 하천을 걷다가 보석 하나를 주운 듯 가슴이 설렌다. 남이 그 보석을 훔쳐볼세라 서둘러 글을 쓴다. 쓴 글을 한 자 한 자 정밀하게 다듬는다. 문장에 나만의 색깔을 입혀 퇴고하면 훨훨 날아갈 듯 뿌듯하다.

그럴 때면 냉장고 문을 연다. 맥주를 꺼내 병째로 마신다. 지난날 수출 목표를 달성했을 때처럼 후련한 기분이다. 전반기의 '목표 달성' 의식에서 안달복달하며 쌓였던 스트레스와 피로가 글 행간에 녹아든 듯 개운하다. 이런 게 힐링이지 싶다.

오늘도 '내면의 소리'에 귀 기울이며 글감 하나를 찾는다. (2014 5. 21.)

인생 면허 1종으로

“1종 면허 갱신은 안 됩니다.”

창구 직원이 컴퓨터 화면을 읽으며 하는 말이다. 강서 면허시험장에서다. 작년에 정기 종합검진 받은 나의 시력이 1종의 기준에 못 미친다고 한다. 양 눈의 시력이 0.8 이상이 되지 않아, 2종 면허로 내려가야 한다고 일러준다.

‘이상한 일이다.’ 별 신경 쓰지 않고 검사받았던, 내 시력 검사결과가 왜 이 면허시험장 컴퓨터에 와 있을까. 개인 신상 정보가 아닌가? 그러나 ‘을’의 입장이기에 따지지 않고 머뭇거리니 그 직원이 말한다.

“본인이 희망하시면 시력검사를 다시 받을 수 있습니다.” “그래요!” 하며, 희망을 품는다. “시력 검사를 다시 받겠습니다.”라며 신체검사장으로 걸어간다. ‘시력이 이렇게 나빠졌을 리가 있나?’라는 의구심을 가지며 검사료 5천 원을 낸다.

시력검사대에 선다. 눈가리개를 좌우 눈으로 바꿔가면서 검사원이 집는 글자를 바라본다. 0.7 밑으로의 글자는 읽을 수가 없다. 'ㄷ' 자가 'ㄹ' 자로 보이기도 하고, 숫자 '3'이 '9'로 보이기도 한다. 다시 한번 해 보겠다며 눈을 비벼가면서 시도했으나 결과는 마찬가지다.

'오른쪽 눈 0.5, 왼쪽 눈 0.4'란 시력 검사표를 손에 들고 망설인다. 1종의 미련 때문이다. 10년 무사고로 발급받았던 그 면허는 나의 자랑거리였다. 몇 번인가 12인승 승합차에 가족들을 태우고 운전할 때 느꼈던 그 뿌듯함이 떠올라서다. 동생들의 차를 편승했을 때 거칠게 운전하면 내 면허를 꺼내곤 했다. 10년을 무사고로 운전해야 이런 면허를 가질 수 있다고 보여주던 그 1종이다.

나를 일깨워주기도 한 1종이었다. '2종 면허 가진 이보다 더 잘 운전해야지, 가다가 이 길 저 길 차선을 자주 바꾸지 않아야지, 가는 길로 반듯하게 가야지, 내 인생길도 그래야지' 하는 자각심을 일게 했다.

하지만 이제 그 1종 면허를 다시 가질 수 있는 대안이 없다. 하는 수 없이 접수창구로 돌아간다. 담당 직원에게 시력검사표를 건넨다. 2종 면허를 발급받는다. 그 면허를 손에 쥐니 서운하다. 노안老眼으로 운전면허 등급이 떨어진 게 안타깝다. 이제 더는 1종 면허의 긍지를 가질 수 없으니 서글픈 생각이 든다.

집으로 돌아오면서 몇 번인가 새 면허를 꺼내보며 고개를 갸웃거린다. 5년 전에 두 눈이 1.2였는데 그동안에 수정체水晶體 조절력이 이렇게 떨어졌을까. 평소에 의식하지 못한 시력의 노화老化다. 아쉽다. 세안제洗眼劑로 눈을 씻고, 검사를 받아볼 걸 그랬다는 후회가 된다.

인제 와서 어찌하겠는가. 나이 들어 시력이 떨어진 것을. 노화되어 가는 것을. 앞으로 내 눈이 지금보다 더 나아질 가능성이 없는 것을. 눈은 육안肉眼뿐일까. 보이지 않은 내면을, 연인의 속마음을 무엇으로 읽을까? 번뜩 스친다. 마음의 눈, 심안心眼이란 말이. '그래, 심안이다.' 겉만 보는 육안은 더 좋아질 수 없을지라도 감정을, 내면을 읽는 심안은 열어갈 수 있지 않겠는가. 잃은 육안의 시력을 심안에서 다시 찾아야겠다.

지금까지 겉만 보고 속을 간과하였던 내면을 꿰뚫어 보는 눈을 떠야겠다. 사물의 가치와 옳고 그름을 식별하는 심안의 시력을 1.2로 높여가야겠다. 과욕일지 모르지만, 이참에 마음으로 운전하는 내 인생 면허를 1종으로 바꿔가야겠다. (2014 7. 11.)

이럴 때 난 머그잔에 커피를 탄다

스스로 커피를 탈 때가 나만의 시간이다. 집에서보다 농막에서 그럴 때가 더러 있다. 내 글방이 있는 그 농장은 시흥시 월미마을에 있다. 700여 그루의 벚나무를 키우는 조경수밭이다.

새들이 포르르 날아온다. 마치 제집 드나들 듯 벚나무를 찾아온다. 6년 자란 가지에 모여 앉는다. 깃을 털고 부리를 비다듬는다. 그러곤 무슨 사연이 그리도 많은지 그저 재재댄다.

먹을거리가 많은 밭이 아니다. 먹이라곤 밭 한쪽에 심은 채소에 자생하는 벌레나 잡초의 씨앗 정도가 고작이다. 이 마을 너른 들판, 물왕物旺저수지 수로변水路邊에 우거진 수풀, 월미마을을 둘러싼 야트막한 산자락을 다 마다하고 여기로 모인다. 추측건대 농약 냄새가 나지 않아서일 것이다. 마을 주민들이 논밭에 뿌려대는 제초제나 모기약을 피해 온 것일 거다.

나도 제초제를 뿌릴 뻔했다. 3년 전, 땀 뻘뻘 흘리며 잡풀을 뽑고 있을 때였다. 지나가던 농부가 내게 말했다. “잡풀은 뽑아선 감당하지 못합니다. 제초제를 뿌려야 합니다.” 그 말을 듣고 접촉성 농약 ‘바스타’를 사다가 물을 타는데 조경사造景師가 찾아왔다. “제초제는 벚나무가 뿌리 뻗는데 해로울 뿐 아니라 흙의 상일꾼인 지렁이를 쫓아냅니다.”라고 일러줬다.

‘아차 싶었다.’ 제초제를 뿌리지 않은 게 다행이었다. 조경사의 말이 옳았다. 풀 뽑기도 2~3년간이었다. 벚나무가 내 키 높이로 무성하게 자라니, 나뭇잎에 햇볕이 가려 잡풀이 전처럼 돋아나지 않았다. 또한, 남들과 달리 여름 내내 무공해 청정 채소를 뜯어다 먹을 수 있게 됐다.

밭에 벚나무를 심은 것도 그 조경사의 덕이었다. 잔병 없이 잘 자라는 데다 도로나 공원의 조경용으로 수요가 많다고 추천했다. 그의 말대로 생명력이 강하고 가지도 사방으로 쭉쭉 뻗는 왕벚나무였다.

어느덧 키가 3m나 자랐다. 겹겹의 나뭇잎이 가려주는 새들의 쉼터다. 농약 냄새도 나지 않는 그들의 놀이터다. 길게 뻗은 가지에 나란히 앉아 청춘을 즐긴다. 서로 눈길을 주고받는다. 춤추듯 나뭇가지를 흔든다. 그네 타듯 위아래로 일렁인다.

참새도, 들새도, 때론 까치도 이 가지 저 가지에서 지저귄다. “재재재~ 짹짹짹~ 깎깎깎~.” 무슨 얘긴지 알 수 없지만, 내겐 그들의 ‘사랑노래’로 들린다. ‘여기 이런 낙원이 있었네!’라며 즐기는 듯하다. 본의는 아니었지만, 월미마을 새들에게 작은 쉼터를 만들어 준 것 같아 마음이 뿌듯하다.

새소리만이 아니다. 바람이 일면 벚나무 잎사귀끼리 비벼대는 소리, 밭둑 너머에 흐르는 도랑물 소리, 그리고 새소리가 한데 어울려 하모니를 이룬다. '자연의 합주곡'이다. 신시사이저*가 연주하는 풋풋한 연가로 들린다. 이럴 때 난 머그잔에 커피를 탄다. (2014 8. 29.)

* **신시사이저**synthesizer : 전자 악기의 하나. 발진 회로에서 얻는 단음을 전자 회로에서 가공하여 여러 가지 음색을 만들어 내는 건반 악기.

손전화를 놓으니 내가 보인다

칠 년째 농장에 다닌다. 농장은 시흥시 물왕저수지 둑 밑에 있다. 밭이다. 천여 그루의 조경수(벚나무와 주목)를 키운다. 한 주에 한두 번 찾는다.

여느 날처럼 오늘도 이른 아침에 버스를 탄다. 여의교를 건너 공군회관 앞을 지나자 안주머니에 손이 간다. 아차! 손전화를 집에 놓고 왔다. 으레 차 안에서 음악을 듣고, 메시지도 열어 보고, 게임 아니면 카톡을 하던 스마트폰이다. 애인을 홀로 두고 온 것처럼 서운하다.

늘 보던 화면이 없으니 궁금한 게 한둘이 아니다. 한·일 여자 배구 경기 결과는, 카페에 올린 내 글에 대한 답글은, 밤새 들어온 이메일의 내용은, 농장에 들르겠다던 친구의 도착 시각은?

눈 둘 데가 없어 시선이 창밖으로 간다. 높고 파란 하늘에 뭉게구름이 둥둥 떠간다. 시가지를 벗어나니 들녘엔 가을이 익어간다. 철새들도 어디론가 훨훨 날아간다. 가까이는 늘어선 가로수가 실바람에 흔들린다. 길바닥에 떨어진 은행들이 뒹군다. 상점 앞에 진열된 홍시도, 사과도 입맛을 다시게 한다. '그동안 이런 바깥 풍경을 다 놓치고 다녔구나!'

어느덧 버스는 목감 사거리를 지나 물왕저수지에 닿는다. 차에서 내려 저수지 주위를 걷는다. 푸른 물결에 실려 오는 물 내음이 코끝에 스친다. 이승만 초대 대통령이 낚시를 즐겼다는 둔덕에 서서 맑은 공기를 들이마신다.

친구가 생긴다. 날갯짓하는 오리 가족, 저수지를 감싸고 있는 나무들, 둑에서 춤추는 코스모스 꽃잎들, 풀숲에 앉아 졸고 있는 잠자리들, 찍찍거리는 물벌레 소리, 이따금 얼굴을 보여주고 쏜살같이 달려가는 물고기들. 다 새롭게 느껴진다. 나도 그 자연에 서 있다. 손전화를 놓으니 자연과 호흡하는 내가 보인다. 흔들리는 꽃 따라 시선이 가고, 들리는 소리 쪽으로 귀 기울이고…….

허구한 날 손전화가 친구였다. 아니 애인이었다. 귀는 이어폰에 내어주고, 눈은 영상에 박고, 머리는 화면에 뜬 일상의 자잘한 일에 신경을 곤두세운 나날이었다. 전파를 타고 온 원경만 보고 살아 숨 쉬는 근경을 보지 못했다. 계절 따라 변하는 자연의 겉모습과 꽃모습들, 거기에 사는 여러 친구의 소리를, 향기를 외면해 오지 않았는가. 그게 '건강의 약'이었는데.

이율배반이었다. '건강을 챙기고 스트레스를 해소한다'고 시작한 농장일이 아닌가. 이제부터라도 본래의 의도에 따라야겠다. 농장에 오가는 세 시간 동안이라도 자연을 가까이해야겠다. 오늘은 손전화를 두고 옴으로써 많은 것을 선물 받았다. 오랜만에 파란 가을 하늘, 익어가는 들판, 저수지에 사는 친구들을 보면서 즐겼다. 그래선지 머리가 가뿐하다. 이런 게 힐링이지 싶다.

아예 손전화 없이 산다는 건 막내딸이 극구 반대할 것이다. 그러니 농장 가는 날만이라도 애인을 놓고 다녀야겠다. 움직이는 자연도 보고, 나도 보고. (2014 10. 15.)

용문산 물소리

용문사龍門寺를 찾는다. 곱게 물든 은행나무 단풍을 보기 위해서다. 일주문을 들어서니 물소리가 들린다.

졸졸졸~, 산기슭에 흐르는 도랑물(폭 30~40cm)이다. 우거진 나뭇가지 사이로 내리는 아침 햇살이 빛난다. 도랑에 깔린 높고 낮은 돌에 출렁이는 물결이 반짝인다. 한참 바라보고 있으니 지나가는 스님이 말한다. "이 물은 용문산(1,157m) 계곡 따라 흘러온 자연수입니다."

맑디맑은 물이다. 흐르는 물소리가 청청淸淸하게 들린다. 물은 그냥 얕은 데로 출렁이지만 나를 평온하게 하는 힘이 있다. 들뜬 내 마음을 차분하게 가라앉혀준다. 절寺 가는 길에 흐르는 물이라서 그럴까, 아득히 높은 용문산 깊은 계곡에서 씻겨온 물이라서 그럴까, 아니면 산자락 숲을 끼고 흐르는 물이기 때문일까? 여느 물보다 청정淸淨해 보인다. 나의 때를 씻어주듯 시원하다.

산기슭을 덮은 맥문동 잎사귀도 맑은 물을 먹고(섭취하고) 살아선지 짙푸르다. 건강해 보인다. 풀숲에서 찍찍거리는 벌레 소리, 짹짹대는 산새 소리가 흐르는 물소리와 한데 어울러 하모니를 이룬다. 자연의 연주다. 물결 속에 비치는 단풍은 한 장의 산수화다. 이곳의 풍취를 산자락에 서 있는 팻말이 말해준다. <맑은 행복, 양평>.

'툭' 소리가 난다. 적갈색 도토리 한 알이 길가에 떨어지더니 또르르 도랑물에 합류한다. 데굴데굴 굴러간다. 그 도랑 너머 산자락에 핀 산국山菊이 시선을 끈다. 새로 나온 10원짜리 동전만 한 둥근 얼굴이 아침 이슬에 씻긴 듯 샛노랗다. 가장자리에 톱니같이 박힌 꽃잎에서 국향菊香이 풍긴다.

이끼가 춤을 춘다. 돌 사이사이에 붙은 청사靑絲다. 연하고 부드럽다. 물결 따라 온몸을 흔드는, 현실에 적응할 줄 아는 이끼가 평화로워 보인다. 너울거리는 그 몸짓이 움츠린 내 마음을 열게 한다. 이끼를 내려다보고 있으니 시상詩想이 떠오른다.

초록의 치마 입고 원시림 품에 안겨
실처럼 가는 몸을 청수淸水에 펄럭인다
이처럼 부드러운 사람 어디 가서 만날까.

'구절초 길'이다. 20여 분 걸어온 길가에 구절초가 무리 지어 피었다. 연분홍 꽃이다. 제 꽃말처럼 '우아하다.' 그 꽃잎에 앉은 고추잠자리 몇 마리가 지난 세월이 아쉬운 듯 꽁지를 사린다. 추억을 사린다. 용문사가 가까워지는지, 나무마다 '龍' 자가 쓰인 연등이 달렸다. 불경 소리, 목탁 소리 은은히 들려온다.

피안彼岸의 세계, 해탈교解脫橋다. 그 다리를 건너니 절보다 은행나무(천연기념물 30호, 높이 40m, 가슴둘레 11m)가 먼저 반긴다. '호국영목護國靈木, 천년의 향기'라는, 동양에서 가장 오래 산다는 유실수다. 열매 많이 열리기로 소문나 있다. 어느 가을처럼 노랗게 익은 열매가 잎 따라 떨어진다.

천백 살을 넘긴 그녀는 여전히 건강하다. 장수長壽한다. 용문산 맑은 물을 먹고 사니까. 청청한 물소리를 끊임없이 들으니까. (2014 12. 9.)

찔레꽃 그 향기처럼

1판1쇄 발행 2015년 10월 20일

지 은 이 장병선
편　　집 강인애
펴 낸 이 김진수
펴 낸 곳 **한국문화사**
등　　록 1991년 11월 9일 제2-1276호
주　　소 서울특별시 성동구 광나루로 130 서울숲 IT캐슬 1310호
전　　화 02-464-7708
전　　송 02-499-0846
이 메 일 hkm7708@hanmail.net
홈페이지 www.hankookmunhwasa.co.kr

책값은 뒤표지에 있습니다.

잘못된 책은 바꾸어 드립니다.
이 책의 내용은 저작권법에 따라 보호받고 있습니다.

ISBN 978-89-6817-296-0 03810

이 도서의 국립중앙도서관 출판예정도서목록(CIP)은 서지정보유통지원시스템
홈페이지(http://seoji.nl.go.kr)와 국가자료공동목록시스템(http://www.nl.go.kr/kolisnet)에서
이용하실 수 있습니다.(CIP제어번호: 2015027946)